Marc Chagall

Ingo F. Walther / Rainer Metzger

MARC CHAGALL
1887–1985

Le peintre-poète

Benedikt Taschen

COUVERTURE:
Détail de: **Le Champ de Mars, 1954–1955**
Huile sur toile, 149,5 × 105 cm
Essen, Museum Folkwang

FRONTISPICE ET DOS DE COUVERTURE:
Autoportrait aux pinceaux, 1909
Huile sur toile, 57 × 48 cm
Düsseldorf, Kunstsammlung
Nordrhein-Westfalen

**Ce livre a été imprimé sur du papier exempt
de chlore à 100 % suivant la norme TCF.**

© 1993 Benedikt Taschen Verlag GmbH
Hohenzollernring 53, D-50672 Köln
© 1993 VG-Bild-Kunst, Bonn, pour les illustrations
Production: Ingo F. Walther, Alling
Traduction française: Aude Virey-Walon
Couverture: Angelika Muthesius, Cologne
Printed by Druckhaus Cramer GmbH, Greven
Printed in Germany
ISBN 3-8228-0156-9
F

Sommaire

7
Les débuts en Russie
1887 - 1910

15
Les années parisiennes
1910 - 1914

35
La guerre et la Révolution russe
1914 - 1923

51
La France et l'Amérique
1923 - 1948

77
Les dernières années
1948 - 1985

92
Marc Chagall 1887 - 1985:
vie et œuvre

Les débuts en Russie
1887 - 1910

Poète, rêveur, bohème – autant de qualificatifs qui restèrent attachés à Chagall tout au long de sa vie, traduisant sa profonde indépendance et son originalité tant au niveau de sa personnalité que de son art. En effet, Juif, il refusa souverainement de se soumettre à la loi ancestrale interdisant la reproduction de la figure humaine, Russe, il abandonna ce repli sur soi-même caractéristique de son peuple, enfant d'une famille pauvre mais nombreuse, enfin, il épousa l'élégance mondaine des milieux artistiques, apparaissant ainsi comme une sorte de pèlerin sans cesse en route entre deux mondes. Chagall a toujours symbolisé le charme de l'artiste solitaire, témoin à la fois de la force attractive de la culture occidentale et de sa libéralité. Une biographie riche en événements et son reflet dans un monde imagé insolite devinrent la caractéristique même du phénomène Chagall. Et l'artiste lui-même faisait tout pour cultiver cette image de l'étranger discret et sans cesse émerveillé, du citoyen du monde resté enfant dans l'âme, du visionnaire solitaire. Profondément religieuse et attachée à son pays natal, son œuvre est sans doute le plus insistant appel à la tolérance et au respect des différences que l'époque moderne ait engendré.

Le monde du judaïsme oriental dans lequel naquit Chagall le 7 juillet 1887, suivi plus tard par huit autres enfants, était aussi resserré que tranquille. Comme il le décrit avec humour dans *Ma Vie*, son livre de souvenirs, la vie s'écoulait paisiblement entre synagogue, banquette du poêle et travail. Bien que la moitié seulement de ses 50 000 habitants ait été des Juifs, Vitebsk, sa ville natale, avait toutes les caractéristiques du «shtetel» typique, avec ses maisons de bois, son aspect campagnard et sa pauvreté. Pourtant, après avoir fréquenté l'école primaire juive, le chéder, Marc put suivre les cours de l'école publique officielle, en principe interdite aux Juifs. Sa mère Feïga-Ita, avec la détermination qui lui était propre, avait en effet soudoyé le professeur, arrachant ainsi son fils au réseau étroit et étouffant des seules relations avec parents et voisinage. Il parlait russe plutôt que yiddish, prenait des cours de violon et de chant, et commença même le dessin. Mais surtout il put entrer en contact avec la

Le Nu rouge relevé, 1908
Huile sur toile, 90 × 70 cm
Londres, collection particulière

Jeune Fille au divan (Mariaska), 1907
Huile sur toile, 75 × 92,5 cm
Caracas, collection particulière

«Muni de mes vingt-sept roubles, les seuls que j'aie reçus de mon père, dans ma vie (pour mon enseignement artistique), je m'enfuis, toujours rose et frisé, à Petersbourg, suivi de mon camarade. C'est décidé.»
Chagall, *Ma Vie*

bourgeoisie, plus ouverte sur le monde, et son activité culturelle, découvrant ainsi une vie que Sachar, son père, modeste employé d'un dépôt de harengs, n'avait pu lui offrir.

Sa volonté et sa perspicacité lui permirent d'obtenir l'autorisation de résidence à laquelle était soumis tout Juif désirant se rendre dans la capitale. C'est ainsi qu'il partit pour Saint-Pétersbourg, avec son ami Victor Mekler, durant l'hiver 1906–1907. Il avait suivi à Vitebsk les cours de peinture de Jehouda Penn, mais aspirait désormais à une formation artistique approfondie dans le centre même de la culture russe. *Jeune Fille au divan*, portrait de sa sœur Mariaska exécuté lors d'un retour dans sa famille en 1907 (pl. ci-dessus), est l'une des premières toiles de Chagall, preuve surtout aux yeux de sa famille de ses capacités artistiques nouvellement acquises. Le décor ornemental, traité sur un seul plan, les transitions estompées entre figure et motifs de la couverture, les lignes souples et arrondies,

enfin, qui forment le contour du corps, dénotent l'influence de la peinture qui dominait alors à Saint-Pétersbourg. Ces emprunts pourtant ne parviennent pas encore à masquer certaines imperfections d'un artiste à ses débuts, décelables notamment dans le traitement des membres.

Quelle différence avec *Le Nu rouge relevé* (pl. p. 6), combien

La Famille, 1909
Huile sur toile, 74 × 67 cm
New York, collection particulière

Le Mariage russe, 1909
Huile sur toile, 68 × 97 cm
Zurich, collection E. G. Bührle

La Rue du village, 1909
Crayon et gouache sur papier,
28,8 × 38 cm
Paris, collection particulière

plus puissant et original, que Chagall réalisa également à Vitebsk, mais un an plus tard. Bénéficiant d'une bourse, le jeune peintre venait d'être admis dans la fameuse école Zvanseva. Là professait Léon Bakst, à la fois partisan d'une ouverture vers l'ouest et représentant influent d'un symbolisme pictural, dans le cadre de la revue *Mir Iskusstwa* (Le Monde de l'art). Sous son égide, Chagall acquit moins une nouvelle façon de traduire la réalité visuelle, qu'une conscience aiguë de sa personnalité d'artiste. Le corps massif de ce nu, qui s'impose ici dans sa frontalité, a perdu toute la prudente réserve qui caractérisait encore le portrait de Mariaska. L'agressivité du rouge contrastant avec le vert des plantes, ainsi que la fragmentation du corps conférant à la figure l'irréalité d'un torse, révèlent que Chagall connaissait aussi les nouvelles tendances qui s'affirmaient en France, et notamment la peinture de Matisse.

Chagall n'est pas alors cet artiste fier et princier qui semble se tourner d'un air méprisant vers l'extérieur du tableau, comme dans son *Autoportrait aux pinceaux* de 1909 (pl. p. 2). Il n'est pas non plus resté le jeune homme naïf issu d'une famille modeste, que connaissaient ses proches. Pour la première fois, au cours de ses années d'apprentissage dans la capitale, détaché de sa ville natale, Chagall put aborder les thèmes et motifs qui seront à la base de son œuvre: vues de villages, scènes paysannes, épisodes de la vie quotidienne du menu peuple. En effet, c'est le contraste même entre son existence d'enfant et son actuelle vie de bohème, marquée par les soucis d'argent, mais aussi par son désir ardent d'atteindre à la célébrité, qui l'incite à porter sur le «shtetel» un regard plein de tendresse et de sympathie.

C'est cette prise de recul, cette distance qui donne à certains de ses tableaux comme *La Famille* de 1909 (pl. p. 9) toute leur qualité. Grands aplats, silhouettes tranquilles, gestes simples confèrent à ce rite familier de la religion juive une dignité lapidaire, un caractère intemporel, une sérénité d'icône. Cette composition fait aussi allusion à un schéma traditionnel de l'iconographie occidentale: la représentation de la circoncision de Jésus, avec le grand prêtre, la Vierge à l'Enfant et Joseph, qui se tient modestement en retrait à l'arrière-plan. En proposant une lecture allégorique de son tableau, et en transposant un épisode de l'histoire du Christ dans l'intimité d'une scène quotidienne, Chagall, à l'instar de son grand modèle Paul Gauguin qui plaça la

«Je m'appelle Marc, j'ai l'intestin très sensible et pas d'argent, mais on dit que j'ai du talent.»
Chagall, *Ma Vie*

Naissance, 1910
Huile sur toile, 65 × 89,5 cm
Zurich, Kunsthaus

Le Père de l'artiste, vers 1907
Encre de Chine et sépia, 23 × 18 cm
Moscou, collection particulière

Femme au bouquet de fleurs, 1910
Huile sur toile, 64 × 53,5 cm
New York, collection Helen Serger

Nativité dans le cadre des mers du Sud, affirme l'ambivalence de son art, peinture à la fois naïve et profondément chargée de sens.

Le Mariage russe (pl. p. 10) en revanche, reflète son propre bonheur personnel, là encore dissimulé sous le couvert d'une scène de genre. En effet, à l'automne 1909 Chagall avait fait la connaissance, par l'intermédiaire de Thea Bachmann, de Bella Rosenfeld, fille d'un bijoutier juif. Comme lui originaire de Vitebsk, elle avait aussi quitté sa ville natale et faisait ses études à Moscou. Elle épousera Chagall en 1915.

«Je la [la maison] trouvai pleine de femmes parées et d'hommes graves, dont les taches noires voilaient la lumière du jour. Tapage, chuchotement; soudain, le cri perçant d'un nouveau-né. Maman, demi-nue, est alitée, pâle, à peine rose. Mon frère cadet venait de naître.» En 1910, Chagall reprit cet événement qu'il décrit dans *Ma Vie*, le transposant dans une toile intitulée *Naissance* (pl. p. 11), œuvre-clef de sa première période russe. Prenant exemple sur les nombreux décors de théâtre conçus par Bakst, le peintre met ici en scène cet épisode qui semble comme éclairé par les feux de la rampe. A gauche, souligné par le baldaquin rouge, trône le lit aux draps maculés de sang, où repose la mère épuisée. L'accoucheuse, figure hiératique, est debout à ses côtés, tenant maladroitement le nouveau-né dans ses bras. Accroupi sous le lit apparaît un homme barbu, probablement le père. A droite, curieux, paysans, un vieux Juif avec sa vache et des personnages regardant par la fenêtre.

Tous les sujets traditionnellement liés à la Nativité sont ici rassemblés: la Sainte Famille, la sage-femme et les bergers qui s'approchent avec intérêt. Pourtant, la légèreté et le ton anecdotique présents dans le récit biblique se sont effacés. Une ordonnance rigoureuse sépare la partie gauche du tableau, avec les deux femmes – la scène de la naissance proprement dite –, de celle de droite, animée par des hommes, simples spectateurs. Le souvenir vécu tel qu'il est décrit dans *Ma Vie*, la naissance dans sa réalité quotidienne et l'allusion, enfin, à la Nativité se trouvent résumés ici en un schéma directeur, synthèse globale indépendante de tout contexte culturel précis.

La tentative de Chagall, de dépasser les limites de la pensée pour parvenir à de nouvelles symbioses, tentative caractéristique de ses œuvres de jeunesse et explicable par la biographie même de l'artiste, trouve dans *Naissance* son illustration sans doute la plus ambitieuse. Pourtant, si la logique du tableau semble claire et rigoureuse, le résultat formel est loin d'être satisfaisant. Le tableau semble en effet coupé en deux. Dans sa recherche d'un vocabulaire pictural susceptible de répondre à la complexité de ses propres conceptions artistiques, Chagall ne pouvait plus rien espérer de l'art russe contemporain. Seul Paris, capitale des arts, pouvait désormais lui fournir une réponse.

Les années parisiennes
1910 - 1914

La jeune activité artistique de la Russie, pleine d'espoirs et de promesses, avait trouvé à Paris une résonance plus grande encore que dans son propre pays d'origine. Les Ballets russes de Serge Diaghilev, avec tout leur cortège de danseurs, musiciens, peintres et écrivains, mélange d'exaltation et d'exotisme, avaient fait ici fureur, éveillant un véritable engouement pour cet Orient lointain. La Russie était à la mode. Alexej von Jawlensky, Wassily Kandinsky, Jacques Lipchitz, tous ces artistes qui acquirent plus tard une renommée internationale profitèrent de ce succès pour faire connaissance avec le berceau même de la modernité. Bakst s'était rendu en France en 1909 en tant que collaborateur de Diaghilev. A l'automne 1910, Chagall entreprit lui aussi ce voyage en train de quatre jours, muni d'une modeste bourse qu'il devait à son mécène de Saint-Pétersbourg, Max Vinaver, et riche de l'espoir de trouver un soutien dans la nombreuse communauté russe de Paris. C'est à Montmartre, dans l'appartement d'un de ses compatriotes, qu'il installa son premier atelier.

«Seule la grande distance qui sépare Paris de ma ville natale m'a retenu d'y revenir immédiatement», se plaint Chagall dans ses souvenirs, peu préparé en tant qu'enfant de la campagne à ces nouvelles conditions de vie. Aussi se jeta-t-il à corps perdu dans l'univers de l'art, parcourant les galeries, contemplant les impressionnistes chez Paul Durand-Ruel, découvrant Gauguin et Vincent Van Gogh pour la première fois à la Galerie Bernheim, s'émerveillant devant les toiles de Matisse au Salon d'automne, faisant connaissance enfin avec les tableaux des maîtres anciens que recelaient les musées parisiens: «C'est le Louvre qui mit fin à toutes ces hésitations.» Des toiles comme *Le Modèle* (pl. p. 14), réalisé peu après son arrivée dans la capitale, témoignent encore bien de cette confrontation avec les différents courants français. En effet, si la palette de Chagall conserve les tonalités sombres caractéristiques de la peinture russe, l'épaisseur de la matière picturale et la juxtaposition de traits de couleur à la manière de franges portent la marque des théories esthétiques de l'époque. Chagall a choisi ici pour thème la représentation d'un atelier, offrant par là même le reflet de sa propre activité. Pourtant, son

Autoportrait, 1910
Plume et encre noire sur papier,
14,7 × 13,1 cm
Propriété des descendants de l'artiste

Le Modèle, 1910
Huile sur toile, 62 × 51,5 cm
Collection Ida Chagall

Autoportrait à la chèvre, 1922–1923
Lithographie, 41 × 26,4 cm

Dédié à ma fiancée, 1911
Gouache, huile et aquarelle sur papier,
61 × 44,5 cm
Philadelphie, Philadelphia Museum of Art

modèle tient lui-même un pinceau et peint son propre tableau – témoignage de cette atmosphère de créativité qui semblait envelopper tous les êtres, de cet engagement artistique qui gagnait le cœur même de la vie quotidienne: «A commencer par le marché où, faute d'argent, je n'achetais qu'un morceau d'un long concombre, l'ouvrier dans sa salopette bleue, les disciples les plus zélés du cubisme, tout témoignait d'un goût net de mesure, de clarté, d'un sens précis de la forme.» C'est en ces termes que Chagall décrit cet instinct créatif, cet élan auquel il ne demandait qu'à se rallier.

Chagall faisait tout pour entretenir la légende de sa pauvreté. En témoignent non seulement l'anecdote du concombre dont il ne pouvait s'offrir qu'un morceau, ou du hareng dont il mangeait un jour la tête, le lendemain la queue, mais aussi ses toiles réalisées dans cette première période parisienne. Nombre d'entre elles en effet ont été peintes sur des supports déjà utilisés, qui permirent à Chagall de savamment exploiter les contrastes de clair-obscur existants pour créer ses propres effets de lumière. L'utilisation de vieilles toiles se prêtait certes à la démonstration de son perpétuel manque d'argent, mais elle devint surtout peu à peu un moyen d'expression à part entière. Elle sera d'ailleurs l'un des procédés caractéristiques du cubisme.

Dans *Intérieur II*, daté de 1911 (pl. p. 18), apparaissent les premiers emprunts timides au vocabulaire formel du cubisme. Pourtant, autour du centre du tableau, où s'assemblent des surfaces géométriques anguleuses marquant à la fois la table et le bord de la robe du personnage féminin, autour de ce centre d'inspiration abstraite, vient se greffer un récit en images. Une femme traînant une chèvre derrière elle se précipite violemment sur un homme au visage barbu qui, ramassé sur sa chaise, tente de repousser l'attaque en saisissant la cuisse de la femme. Le désarroi de l'homme et la farouche agressivité de la femme sont encore renforcés par un artifice classique en peinture, qui consiste à indiquer le mouvement en déroulant la scène de la gauche vers la droite comme la ligne d'un texte qu'on lirait avec les yeux.

C'est une version plus moderne de ce même thème, sorte de référence dans son interprétation de la sexualité, que Chagall propose dans *Dédié à ma fiancée* (pl. p. 17) réalisé à la même époque. C'est seulement ici – malgré une composition ordonnée indépendamment de tout artifice extérieur et en fonction du seul caractère statique de son support – que le motif apparaît dans tout son réalisme brutal: une femme, enroulée comme un serpent autour du cou d'un homme à tête de taureau lui crache au visage, et l'homme, apparemment calme, saisit la jambe de cette femme avec fermeté, abandonnant toute attitude de craintive défense. L'histoire et son contenu symbolique sont désormais indissociables, non seulement par la symbiose entre l'homme et

l'animal, mais par le mouvement radial décrit par la femme pour démontrer sa puissance, mouvement auquel l'homme semble-t-il ne peut échapper. Contrairement à *Intérieur II*, *Dédié à ma fiancée* ne peut être interprété comme une scène de genre innocente et anodine. Chagall ne put d'ailleurs présenter ce tableau au Salon du printemps 1912 qu'après de longues discussions. On lui reprochait en effet d'être pornographique. En réalité, ce tableau devait sa choquante ambiguïté à une simple variante dans sa composition: au lieu de se succéder dans une direction donnée, les motifs s'organisaient en cercle autour du centre. C'est chez les cubistes que Chagall avait observé ce procédé qui allait apporter une solution à nombre de ses problèmes de jeune peintre.

C'est moins à travers les œuvres de Picasso ou de Braque, fondateurs du cubisme, que Chagall fit connaissance avec ce mouvement, que par l'intermédiaire de Delaunay, marié à la Russe Sonia Terk, peintre elle aussi. Chagall et Delaunay ne partageaient pas cette volonté de fragmenter la réalité, ce culte de la forme concrète qui avait conduit les cubistes orthodoxes à considérer la toile peinte elle-même comme un «espace pictural objectif à trois dimensions» (Pierre Cabanne). Ils estimaient également secondaires d'autres préoccupations du cubisme, comme le problème de l'ambivalence entre abstraction et figuration, ou encore ce procédé de connaissance entière des choses, prôné par Braque et Picasso, qui consistait à compléter l'observation banale de l'objet par la conscience de sa finalité

Intérieur II, 1911
Huile sur toile, 100 × 180 cm
Collection particulière

Nu allongé, 1911
Gouache sur carton, 24 × 34 cm
Collection M. et Mme Eric Estorick

dans la vie quotidienne. Pour Delaunay, mais surtout pour Chagall, le cubisme était le langage qui permettait d'exprimer la magie du monde, la vie secrète des choses au-delà de tout caractère fonctionnel. Il offrait un support géométrique et des structures susceptibles d'ordonner en une logique visuelle perceptible par tous, rêves et souvenirs, désirs et songes de l'esprit. Le monde imaginaire du jeune Russe ne manquait pas de complexité, et toutes ses visions qui ne demandaient qu'à ressurgir à Paris trouvèrent enfin dans la richesse formelle du cubisme un mode d'expression à leur mesure.

«La Ruche» devait son nom à son bâtiment central, pavillon de bois dodécagonal, situé à proximité des abattoirs de Vaugirard. C'était l'un de ces lieux qui avaient contribué à donner à Paris sa réputation de métropole de l'art. En effet, c'est là que se retrouvaient peintres et sculpteurs venus de tous les coins du monde pour concrétiser leur rêve d'une carrière internationale. C'est au cours de l'hiver 1911–1912 que Chagall emménagea dans l'un de ses cent quarante ateliers rudimentaires et sordides, mais à la portée de toutes les bourses. Il avait pour voisins plusieurs Russes, dont Chaïm Soutine, ce solitaire endurci sans cesse de mauvaise humeur, Juif oriental comme lui. Possédant

«Ici, au Louvre, devant les toiles de Manet, Millet et d'autres, j'ai compris pourquoi mon alliance avec la Russie et l'art russe ne s'est pas nouée. Pourquoi ma langue, elle-même, leur est étrangère.»
Chagall, *Ma Vie*

L'Homme au cochon, 1922–1923
Lithographie, 46,5 × 32,5 cm

«Mais mon art, pensais-je, est peut-être un art insensé, un mercure flamboyant, une âme bleue, jaillissant sur mes toiles.»
Chagall, *Ma Vie*

Moi et le village, 1911
Huile sur toile, 191 × 150,5 cm
New York, Museum of Modern Art

désormais un atelier plus vaste qu'à Montmartre, Chagall en profita pour augmenter le format de ses toiles. Nombre de ses travaux exécutés à la Ruche portent encore la date de 1911. En effet, le peintre ne les avait pas datés aussitôt après les avoir achevés, et la chronologie qu'il adopta par la suite s'en trouva quelque peu faussée. Il divisait pour lui-même son œuvre en différents cycles qu'il datait ensuite suivant une sorte d'horloge intérieure, indépendamment de l'écoulement réel des années. Même dans ces détails qui semblent sans importance, Chagall se révèle un maître des transpositions fantaisistes qui, affichant l'irrespect de l'ordre réel, ne fait que suivre les tendances facétieuses de son tempérament d'artiste.

Daté encore de 1911, bien que peint à la Ruche, *Moi et le village* (pl. p. 21) est la parfaite concrétisation des recherches esthétiques de Chagall durant sa période parisienne. Composition radiale et articulation des motifs à partir d'un point central sont devenues le principe même du tableau. S'inspirant des formes circulaires de Delaunay, qui utilisa l'analogie entre le disque et le soleil pour créer un élément figuratif susceptible de soutenir ses combinaisons abstraites de couleurs, Chagall parvient ici à rassembler des motifs issus de différentes réalités concrètes en une unité picturale logique. Occupant chacun l'un des secteurs du tableau, s'opposent ici quatre thèmes symboliques: l'homme, l'animal, la nature – sous forme de branche fleurie – et la civilisation, indiquée par le village. Histoire et action ne sont plus nécessaires, seule compte la trame géometrique qui, partageant la toile de ses diagonales et segments de cercles, parvient à organiser l'ensemble du sujet. La juxtaposition des motifs et la transparence des formes, deux des procédés utilisés dans la magie du cubisme, montrent combien ceux-ci se prêtent à intégrer dans l'univers pictural souvenirs, visions et fragments des réalités les plus diverses. La tête de l'animal, dont les contours servent de cadre à la scène de la traite, les maisons et personnages à l'envers, les rapports de proportions qui vont à l'encontre de tout réalisme – tous ces éléments associés dans le même tableau s'allient pour évoquer un monde imaginaire, formé par des souvenirs devenus symboles. Car toutes les composantes de *Moi et le village* proviennent de la mémoire de l'artiste. Chagall se sert du cubisme, si attaché à l'apparence concrète des choses, pour créer un monde autonome, seulement tributaire de sa propre psychologie. Ce n'est qu'à Paris que Chagall découvrit le moyen d'ouvrir les portes de sa vie intérieure, d'exprimer le bonheur et la nostalgie qu'éveillait en lui le souvenir du petit monde de son enfance.

Le titre *Moi et le village*, dans sa richesse évocatrice, constitue comme un écho au jeu des associations peintes sur la toile. Comme *Dédié à ma fiancée* (pl. p. 17), ou *A la Russie, aux ânes et aux autres* (pl. p. 25), il est dû à la plume de Blaise Cendrars,

PORTRAIT

Il dort
Il est éveillé
Tout à coup, il peint
Il prend une église et peint avec une église
Il prend une vache et peint avec une vache
Avec une sardine
Avec des têtes, des mains, des couteaux
Il peint avec un nerf de bœuf
Il peint avec toutes les sales passions d'une
    petite ville juive
Avec toute la sexualité exacerbée de la
    province russe
Pour la France
Sans sensualité
Il peint avec ses cuisses
Il a les yeux au cul
Et c'est tout à coup votre portrait
C'est toi lecteur
C'est moi
C'est lui
C'est sa fiancée
C'est l'épicier du coin
La vachère
La sage-femme
Il y a des baquets de sang
On y lave les nouveau-nés
Des ciels de folie
Bouches de modernité
La Tour en tire-bouchon
Des mains
Le Christ
Le Christ c'est lui
Il a passé son enfance sur la Croix
Il se suicide tous les jours
Tout à coup, il ne peint plus
Il était éveillé
Il dort maintenant
Il s'étrangle avec sa cravate
Chagall est étonné de vivre encore
        Blaise Cendrars, *Dix-neuf poèmes*
                      élastiques

Le Poète, ou Half past three, 1911
Huile sur toile, 196 × 145 cm
Philadelphie, Philadelphia Museum of Art

compagnon le plus proche de Chagall durant sa période parisienne. Le staccato des images suggestives contenues dans les poèmes et romans de Cendrars, la gaîté anarchique de ses créations verbales répondaient en effet peut-être mieux encore au monde merveilleux des associations chagalliennes que les recherches rigoureusement intellectuelles des peintres contemporains. Ce furent d'ailleurs des écrivains qui confortèrent Chagall dans sa voie, partagèrent son attirance pour la poésie, recherchèrent enfin avec lui la signification cachée des choses. Cendrars qualifia son ami de «génie fendu comme une pêche», et Chagall, en guise de réponse, réalisa son tableau *Le Poète* (pl. p. 23). L'homme, solitaire, est assis à une table. Tenant dans sa main sa tasse de café, une bouteille d'alcool inclinée vers lui en un mouvement séducteur, il semble à l'écoute de son inspiration poétique. Il est absorbé par un monde imaginaire et surnaturel, sa tête – son esprit – est même détachée de son corps, échappant au réseau de diagonales qui domine l'organisation du tableau.

Dans cet hommage à l'écrivain familier des cafés parisiens, Chagall manifeste déjà ses premières tentatives visant à dépasser la géométrisation de l'objet telle que la concevaient les cubistes. Le réseau de lignes, jusqu'à présent simple garant d'une organisation construite, se voit conférer un rôle au niveau de la signification même du tableau, enserrant dans ses mailles le corps du poète, pour mieux souligner la liberté laissée à la tête, support de l'inspiration. L'imagination créatrice du poète, son indépendance vis-à-vis de tout principe existant, ne sont-elles pas aussi celles de Chagall? Ce sont les structures géométriques elles-mêmes qui deviennent ici métaphores, supports du message poétique.

Guillaume Apollinaire employa le mot «surnaturel» pour qualifier le monde imagé de Chagall, transformant plus tard ce terme en «surréel». Sous les yeux du peintre naissait ainsi un concept, «le surréalisme», qui allait définir un mouvement artistique de la plus grande importance. Apollinaire, initiateur de ce mouvement, était moins un ami qu'un guide précieux pour Chagall, cherchant inlassablement à organiser des expositions pour lui. Chagall le remercia lui aussi par un tableau, *Hommage à Apollinaire* (pl. p. 26), entretenant peut-être d'une façon trop présomptueuse cette image d'étranger insolite que le poète avait lié à son nom. Le centre de la composition, dont la forme circulaire évoque le cadran d'une montre, est occupé par les corps d'Adam et d'Eve, fondus en une seule figure tenant la pomme en ses mains. Associée à ce mythe de l'androgynie, une dédicace apposée en bas du tableau évoque quatre amis de Chagall, dont les noms masquent les abréviations des quatre éléments. Chagall a même chiffré sa propre signature, supprimant les voyelles et la complétant par des signes cabalistiques. Ce mélange quelque peu mystérieux de toutes sortes de

messages occultes correspond sans doute au désir du peintre d'appartenir à une culture universelle, désir qu'il ne peut ici traduire qu'à l'aide de mots, se rapprochant ainsi plus d'une démarche poétique que picturale.

«Personnellement, je ne crois pas que la tendance scientifique soit heureuse pour l'art. Impressionnisme et cubisme me sont étrangers. L'art me semble être surtout un état d'âme.» L'insatisfaction de Chagall face à la froide beauté de la réalité visuelle, exprimée ici à l'occasion d'une rencontre avec Apollinaire, ainsi que son refus d'une «époque qui chante des hymnes à l'art technique, qui divinise le formalisme», se répercutent de plus en plus dans ses toiles. Des tableaux comme *Adam et Eve* (pl. p. 29), daté de 1912, qui, par le fractionnement des figures, exaltait la dynamique propre des formes picturales, ne sont représentatifs que d'une courte période de la création artistique de Chagall. Bientôt s'imposèrent à nouveau la naïveté enfantine du regard posé par l'artiste sur la magie du monde, sa quête aventureuse du message secret des choses. Les souvenirs d'enfance, reflétés dans le monde imagé du peintre, sont intimement liés aux traditions de son pays natal, à la pensée irrationnelle de la Russie, à la non-figuration prônée par le judaïsme. Aussi les scènes peintes par Chagall sont-elles indissociables d'un certain mode de pensée mystique qui transforme les motifs avant tout en symboles, en représentants d'une réalité invisible.

La deuxième version de *Naissance*, datée de 1911, témoigne également d'une façon plus libre et spontanée d'aborder l'un des mystères de la nature (pl. p. 28). La raideur pathétique de la version précédente, fortement perturbée dans son message pictural par les recherches théoriques du jeune peintre en quête de son identité d'artiste, a cédé ici la place à la gaîté enjouée de l'anecdote. La jeune mère est toujours allongée sur des draps maculés de sang, mais autour d'elle règne maintenant une activité riche en couleurs. Deux femmes bavardent avec animation, d'autres personnages se sont endormis sur le poêle, et dans la partie droite du tableau, on attend avec impatience de pouvoir fêter comme il se doit l'heureux événement. Le rythme des formes géométriques empruntées au cubisme et introduites ici dans la composition contribue aussi à donner vie à l'ensemble. Pour la première fois, ces souvenirs d'enfance qui nourrissent l'univers pictural de Chagall acquièrent un mouvement et une vitalité charmante qui font d'eux, indépendamment de tout symbolisme, le simple témoignage touchant d'une existence insouciante. La tête posée à l'envers sur les épaules du poète, la casquette en suspens au-dessus du soldat qui salue, le doigt tendu sous le robinet du samovar – comme dans *Le Soldat boit* (pl. p. 27) –, tels sont les thèmes insolites que l'on retrouvera sans cesse dans son œuvre. Ce ton enjoué et spontané est en effet l'une des caractéristiques du langage chagallien.

A la Russie, aux ânes et aux autres,
vers 1911–1912
Huile sur toile, 156 × 122 cm
Paris, Musée national d'Art moderne,
Centre Georges Pompidou

Hommage à Apollinaire, 1911–1912
Huile, poudre d'or et d'argent sur toile,
200 × 189,5 cm
Eindhoven, Stedelijk Van Abbemuseum

Comme dans l'œuvre de son grand contemporain Picasso, on retrouve aussi chez Chagall une certaine alternance entre périodes analytiques et synthétiques. Durant ses premières années à Paris, influencé par les procédés du cubisme, Chagall a traduit dans l'imbrication des images les souvenirs revenus à sa mémoire, juxtaposé impressions et réminiscences liées seulement entre elles par le réseau de lignes abstraites parcourant la

toile. A la fin de sa première période parisienne, en revanche, Chagall s'attache à la description d'une scène isolée qui occupe l'ensemble du tableau. Le peintre évoquera plus tard ce regard alors tourné vers le passé, synonyme aussi pour lui d'un certain recul pris par rapport à une avant-garde qui assimilait le progrès de l'art à la nouveauté, et à l'originalité de la langue orale comme écrite. *Le Marchand de bestiaux* – daté de 1912 mais sûrement

Le Soldat boit, 1911–1912
Huile sur toile, 109 × 94,5 cm
New York, Solomon R. Guggenheim Museum

Naissance, 1912
Huile sur toile, 112,5 × 193,5 cm
Chicago, Art Institute of Chicago

Page de droite:
Adam et Eve, 1912
Huile sur toile, 160,5 × 109 cm
Saint Louis (Mo.), Saint Louis Art Museum

exécuté plus tard comme nombre d'autres toiles (pl. p. 31) – est une mise en scène de la simplicité harmonieuse de la vie paysanne. Ce tableau est dominé par un ensemble de symboles traduisant une apaisante sécurité.

L'identité de son pays natal s'impose de façon plus nette encore dans *La Prisée* (pl. p. 30). La silhouette hautaine du Juif, au visage encadré par une longue barbe et d'épaisses boucles de cheveux, les phylactères et l'étoile de David à l'arrière-plan, les caractères hébreux du livre ouvert, enfin, sont l'évocation d'une image familière à laquelle les couleurs confèrent néanmoins un aspect irréel. Scène à la fois proche et lointaine, familière et étrangère, elle est le témoin du mal du pays qui s'est emparé de l'artiste. Sous les caractères hébreux se cache le nom «Segal Mosche», nom que le peintre avait internationalisé en «Marc Chagall» pour lui donner une résonance plus marquante. L'appel du pays natal se fait ici de plus en plus insistant.

L'occasion se présenta au printemps 1914. A la demande d'Apollinaire, Herwarth Walden, défenseur de l'expressionnisme et éditeur du *Sturm*, la plus importante revue allemande d'art d'avant-garde, organisa dans sa galerie berlinoise la première grande exposition personnelle de Chagall. Hormis la vente de quelques dessins, son séjour à Paris ne lui avait pas rapporté beaucoup et il voyait dans la proposition de ce marchand renommé comme une percée dans le monde international de l'art. Ironie du sort et de la politique, Chagall ne tira aucun

bénéfice de ses ventes. Et le déclenchement de la Première Guerre mondiale repoussa de plusieurs années cette prestigieuse carrière à laquelle il rêvait.

«Mes tableaux enflaient dans la Potsdamerstrasse, tandis que tout près on chargeait les canons», se souvient Chagall. Pourtant, muni d'un visa de trois mois, il partit le 13 juin 1914 en direction de la Russie, pour assister au mariage de sa sœur, raviver ses souvenirs et revoir Bella. Bientôt cependant les frontières furent fermées et les quelques semaines prévues se transformèrent en huit ans. Chagall se trouvait revenu en ce lieu qui imprimait si fortement sa marque à presque tous ses tableaux.

Le Violoniste (pl. p. 33) est l'une des dernières toiles de sa période parisienne. Contrairement à la version précédente, datée de 1912–1913 (pl. p. 32), qui laissait apparaître la texture de la nappe lui servant de support et qui, par l'emploi de rapports de proportions contradictoires, restait fidèle à un certain esprit cubiste, cette composition présente une unité spatiale et thématique, engendrée par le ruban rouge du chemin sinueux qui traverse la toile. Le violoneux, vêtu d'un manteau rouge et suivi d'un jeune mendiant en quête d'une obole, est le personnage principal. Traditionnellement, c'est lui qui était en tête du cortège dans les mariages juifs, cortège qui serait réduit ici aux deux figures de l'arrière-plan, sans doute un couple de jeunes mariés. Le solide équilibre de la composition est à peine encore troublé par quelques rares éléments insolites; seules les couleurs confèrent à la scène ce caractère fictif, irréel et merveilleux qui est le propre de ces images créées dans la capitale occidentale.

Le Marchand de bestiaux, 1912
Huile sur toile, 97 × 200,5 cm
Bâle, Kunstmuseum

Page de gauche:
La Prisée, 1912
Huile sur toile, 128 × 90 cm
Collection particulière

Pages suivantes:
Le Violoniste, 1912–1913
Huile sur toile, 188 × 158 cm
Amsterdam, Stedelijk Museum

Le Violoniste, 1911–1914
Huile sur toile, 94,5 × 69,5 cm
Düsseldorf, Kunstsammlung Nordrhein-Westfalen

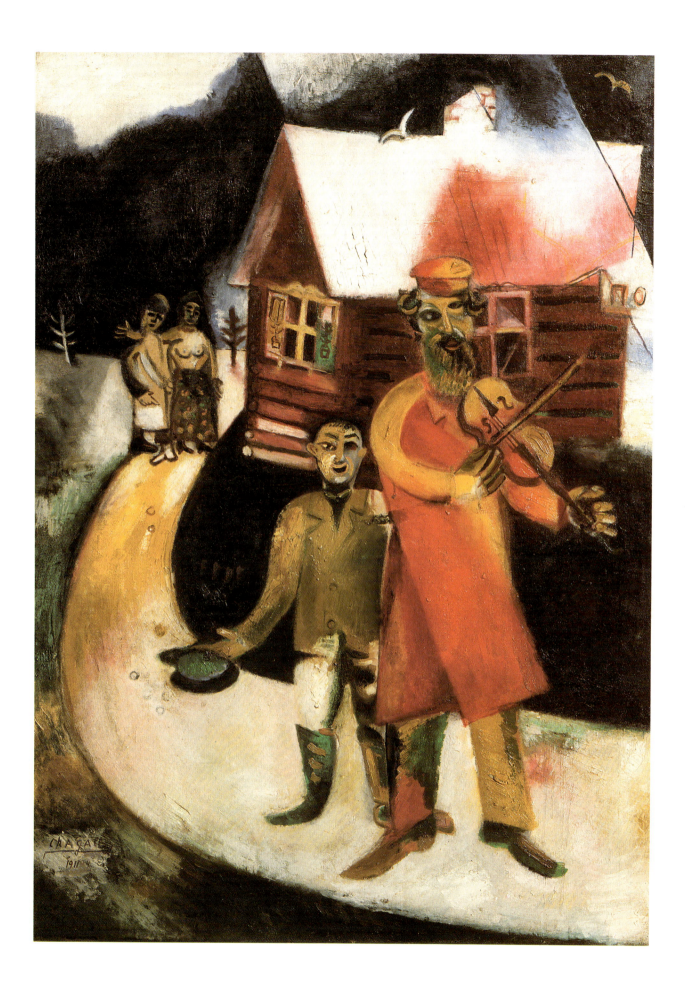

La guerre et la Révolution russe 1914 - 1923

Vitebsk est «un pays bien à part; une ville singulière, ville malheureuse, ville ennuyeuse». Au vu de ce que vivra Chagall dans les années à venir, ce verdict de l'ennui semble davantage s'appliquer à Paris qu'à sa ville natale. En effet, son séjour en France fut marqué par un travail incessant et une existence assez routinière dans les milieux restreints de la bohème. C'est donc moins la confrontation avec la réalité de la capitale qui fut à la base de ses productions parisiennes qu'un repli sur lui-même, un besoin de conforter le dynamisme de sa propre activité créatrice. C'est maintenant la guerre et la révolution russe qui détermineront la vie mais aussi l'œuvre de Chagall.

Toute attitude fanfaronne a disparu de l'autoportrait réalisé aussitôt après son retour en Russie (pl. p. 34). L'artiste apparaît transformé par rapport à la version analogue de 1909 (pl. p. 2); son regard méfiant et presque énigmatique semble vouloir se dérober à tout moment derrière les feuilles qui encadrent le visage. Chagall souligne la finesse et la féminité de ses traits: on retrouve ici le jeune garçon qui aimait se mettre du rouge aux joues. Par ce portrait, Chagall a certainement dû répondre aux attentes de sa famille, confirmant ainsi l'image qu'il avait laissée de lui-même. Pourtant, dans ce visage transparaît surtout la peur de l'artiste d'être recruté dans l'armée du tsar. C'est volontairement qu'il a évité toute affirmation de force et de virilité qui l'aurait conduit à servir de «chair à canon» dans une guerre dont les Juifs avaient déjà trop souvent fait les frais.

«Voïna», la guerre, est aussi le seul mot que l'on peut lire sur la première page de *La Gazette de Smolensk* (pl. p. 37). Deux hommes sont assis à une table, le journal au milieu d'eux, et leur conversation semble être exclusivement centrée sur les massacres qui attendent l'Europe. Le vieux Juif, pensivement appuyé sur ses coudes, songe aux contraintes et aux obligations que le régime tsariste a toujours imposées à son peuple. Son vis-à-vis, un bourgeois d'après son costume et son chapeau, ne semble pas plus enthousiaste: il passe la main sur son front dans un geste de profond désarroi. Cette composition s'inspire des fameux *Joueurs de cartes* de Cézanne, mais l'atmosphère est ici

Autoportrait, 1922–1923
Lithographie, 24,5 × 18,2 cm

Autoportrait au col blanc, 1914
Huile sur carton, 30 × 26,5 cm
Philadelphie, Philadelphia Museum of Art

La Gazette de Smolensk, 1914
Huile sur papier marouflé sur toile,
38 × 50,5 cm
Philadelphie, Philadelphia Museum of Art

bien différente de celle qui enveloppe le jeu anodin mis en scène par le grand maître. Angoisse et extrême préoccupation émanent de cette toile; on est bien loin du cri de victoire que poussèrent nombre des artistes amis de Chagall, et notamment Apollinaire, en s'engageant dans la guerre.

«Vous avez vu chez moi ce vieillard en prières? C'est lui. C'était bien, lorsqu'on pouvait travailler tranquillement. Parfois se tenait devant moi une figure si tragique et si vieille, qu'elle avait plutôt l'air d'un ange. Mais je ne pouvais pas y tenir plus d'une demi-heure… Elle puait trop.» C'est avec un ton de douce moquerie et la nonchalance supérieure d'un homme du monde que Chagall aborde désormais le menu peuple dont il est issu. Des toiles comme *Le Juif en prière* (pl. p. 36) et *Jour de fête* (pl. p. 39) se suffiraient à elles-mêmes par le charme immédiat de leur thème, cette dignité intemporelle de vieux et fidèles serviteurs de leur foi. Pourtant, à travers elles, on sent que Chagall reproche à ces hommes de rester enfermés dans des rites figés qu'il ne peut plus accepter pour lui-même.

Le 25 juillet 1915, Chagall épouse Bella, qu'il aimait depuis de

Page de gauche:
Le Juif en prière, 1914
Huile sur toile, 104 × 84 cm
Venise, Museo d'Arte Moderna

L'Anniversaire, 1915
Huile sur carton, 80,5 × 99,5 cm
New York, Museum of Modern Art

Page de droite:
Jour de fête, 1914
Huile sur carton, 100 × 81 cm
Düsseldorf, Kunstsammlung Nordrhein-Westfalen

longues années malgré la distance qui les séparait. Ils eurent tous deux à surmonter toutes sortes de difficultés, dont la plus importante fut sans doute la méfiance des parents de Bella, qui auraient souhaité pour gendre un jeune homme d'une meilleure famille. Il fallut attendre la naissance de la petite Ida, neuf mois plus tard, pour que soient dissipés toutes les craintes et ressentiments. Malgré l'époque troublée, les deux époux sont au septième ciel, comme l'atteste si bien *L'Anniversaire* (pl. p. 38). Chagall a minutieusement reproduit les motifs du coussin posé sur le divan, le décor de la nappe, s'efforçant de rendre compte de l'aménagement exact de la pièce. L'amour qui est au cœur de ce tableau existe réellement, il a même ici un cadre concret, ce n'est plus un rêve de la femme aimée, comme autrefois à Paris. «J'ouvrais seulement la fenêtre de ma chambre», écrit Chagall dans *Ma Vie*, «et l'air bleu, l'amour et les fleurs pénétraient avec elle. Toute vêtue de blanc ou tout en noir, elle survole depuis longtemps à travers mes toiles, guidant mon art.» Ce sont des

Le Poète allongé, 1915
Huile sur carton, 77 × 77,5 cm
Londres, Tate Gallery

mots plein de poésie que Chagall utilise ici pour traduire verbalement ce bonheur et cet extraordinaire enthousiasme qu'il ressent au contact de Bella. Ce couple flottant sans contraintes dans l'espace du tableau n'est en fait que la transposition visuelle des mots de Chagall, la transcription fidèle de ses images poétiques en une composition picturale. Le terme de «poésie», si souvent rattaché à son œuvre, trouve dans cette équivalence entre langage parlé et visuel toute sa justification.

Le peintre rêve de retrouver avec sa jeune épouse la joyeuse

La Fête des tabernacles, 1916
Gouache, 33 × 41 cm
Lucerne, Galerie Rosengart

insouciance de la vie à la campagne, et c'est ce désir qui prend corps sur la toile: *Le Poète allongé* (pl. p. 40) est étendu dans l'herbe, occupant de son corps toute la largeur du tableau. Au-dessus de lui se déroule un cadre idyllique dont on ne sait précisément s'il est un rêve du poète ou une réalité transcrite par la magie du peintre. «Enfin, seuls à la campagne. Bois, sapins, solitude. La lune derrière la forêt. Le cochon dans l'étable, le cheval derrière la fenêtre, dans les champs. Le ciel lilas», se souvient Chagall dans son autobiographie. Comme dans *Le Poète allongé*, on ne sait si ces mots sont l'évocation d'un souvenir vécu ou la simple description du tableau. La poésie, jeu hautement conscient alliant ambivalences et richesse des mots, peut aussi se manifester, comme ici dans le cas de Chagall, par la seule confusion entre rêve et réalité. Pourtant, ces emprunts au langage poétique ne peuvent cacher le sens profond de ces toiles, témoins d'une aspiration à un monde intact, moyens de fuite devant les dures réalités de la guerre.

Bella, 1925
Eau-forte et pointe sèche, 22,5 × 11,6 cm

«[...] elle, matin et soir, portait dans mon atelier de doux gâteaux de sa maison, du poisson grillé, du lait bouilli, diverses étoffes décoratives, même des planches qui me servaient de chevalet.
J'ouvrais seulement la fenêtre de ma chambre et l'air bleu, l'amour et les fleurs pénétraient avec elle.
Toute vêtue de blanc ou tout en noir, elle survole depuis longtemps à travers mes toiles, guidant mon art.»
Chagall, *Ma Vie*

Bella au col blanc, 1917
Huile sur toile, 149 × 72 cm
Propriété des héritiers de l'artiste

Bientôt cependant cette réalité le rattrape. Il ne peut échapper aux devoirs de la guerre. Pour au moins éviter d'être envoyé au front et de subir d'inévitables blessures à la fois physiques et morales, il s'engage dans un bureau militaire, sous les ordres de son beau-frère Jakow Rosenfeld. Pour les autorités, le travail dans ce bureau, d'une grande importance stratégique, équivalait à un envoi au front. C'est ainsi que Chagall passa ses journées de guerre à tamponner des papiers au centre de Saint-Pétersbourg, ayant perdu toute envie de peindre.

A Paris, où régnait déjà une intense activité artistique, Chagall avait peu suivi l'évolution des différents courants russes contemporains, et la formidable ascension de son avant-garde, des limites de la province à une reconnaissance internationale. A Saint-Pétersbourg, il avait désormais l'occasion d'être confronté aux tendances nouvelles. En 1912, il avait participé à l'exposition de la «Queue d'âne», en envoyant de Paris son tableau intitulé *Le Mort*. Les conceptions picturales prônées ici n'étaient pas sans se rapprocher des siennes. Aussi en 1916, avec un léger retard, Chagall reprit-il à son compte certains principes du «primitivisme» de Natalia Gontcharova et Mikhaïl Larionov, les concrétisant notamment dans *La Fête des tabernacles* (pl. p. 41). Des figures volontairement maladroites animent de leurs formes raides et anguleuses l'espace pictural, semblant être appliquées sur un fond avec lequel elles n'ont aucun rapport. Les personnages, soit entièrement de face, soit entièrement de profil, semblent marqués par la vision arbitraire d'un enfant, et aucune nuance ou demi-teinte ne vient tempérer la rustique simplicité de la scène. Cependant, par le seul traitement du toit, qui laisse percevoir de discrètes réminiscences cubistes, Chagall nous démontre que ce style maladroit n'est pas l'expression d'une quelconque incompétence, mais d'un choix personnel précis. Enfermé dans l'exiguïté et l'anonymat d'un bureau militaire, Chagall ne peut se laisser entraîner dans cette savante chorégraphie picturale dont témoignent par exemple les tableaux inspirés par Bella (pl. p. 43). Le langage rude et primitif de *La Fête des tabernacles* ne fait que correspondre à son état d'esprit du moment.

L'événement qui, selon Chagall, marquera le plus profondément sa vie tiendra aussi longtemps le monde en haleine. En plein cœur de la capitale, il vit comment fut levé l'étendard de la lutte contre le régime des tsars et son despotisme anachronique. En dix jours de révolution qui ébranlèrent le monde, Saint-Pétersbourg fut entre les mains des rouges. «Ainsi parle le Seigneur Yahvé: Voici que j'ouvre vos tombeaux, et je vais vous faire remonter de vos tombeaux, mon peuple, et je vous reconduirai sur le sol d'Israël.» Ce sont ces paroles, issues de la vision d'Ezéchiel, qui sont inscrites en caractères hébreux sur *Les Portes du cimetière* (pl. p. 45), tableau peint précisément à cette

La Tombe du père, 1922
Planche 19 de *Ma Vie*
Eau-forte et pointe sèche, 10,8 × 14,9 cm

«Vêtu d'une chemise russe, une serviette de cuir sous le bras, j'avais bien l'allure d'un fonctionnaire soviétique.»
Chagall, *Ma Vie*

Les Portes du cimetière, 1917
Huile sur toile, 87 × 68,6 cm
Collection particulière

époque. Un immense enthousiasme s'était emparé de tout le pays, et cette prophétie de l'Ancien Testament, projetée par Chagall dans un présent plein d'espoirs, ne présente aucun caractère blasphématoire. Les bolcheviks avaient en effet mis fin à la guerre, et les Juifs étaient enfin considérés comme des citoyens à part entière au même titre que les Russes. Les premiers temps de la révolution étaient empreints d'un optimisme sans nuage.

Anatole Lounatcharsky avait été nommé par Lénine commissaire du peuple à l'Instruction publique. Chagall avait connu Lounatcharsky à Paris, alors que celui-ci y travaillait en tant que journaliste pour des publications en langue russe. Cette relation valut à Chagall un poste officiel en 1918: il devint commissaire des Beaux-Arts pour le gouvernement de Vitebsk. La jeune Révolution donnait à l'art une importance primordiale; esthétique et politique devaient s'inspirer l'une de l'autre pour créer un avenir plus humain. L'art et les affaires publiques, que les communistes par opposition avec les conceptions bourgeoises considéraient comme interdépendants, se devaient aussi d'améliorer le monde, d'être à l'avant-garde du progrès. Enfin, le vieux rêve d'un art autonome et libéré de la tutelle des tsars devait désormais devenir réalité.

Empli d'enthousiasme, Chagall s'engagea dans sa nouvelle fonction, organisant des expositions, ouvrant des musées, et relançant l'activité de l'Ecole des Beaux-Arts de Vitebsk. Cet individualiste convaincu et ardent défenseur de l'insolite commença à ne jurer que par la force anonyme de l'égalité. Chagall manifestait sans réserve son adhésion au communisme.

Pour le premier anniversaire de la Révolution d'octobre Chagall avait prévu de décorer les rues de Vitebsk avec de grandes affiches multicolores. Bien que le peintre, dans des toiles comme *Guerre aux palais*, soit resté largement fidèle à l'idéologie prescrite, ses créations ne manquèrent pas de provoquer l'étonnement unanime de ses camarades communistes: «Pourquoi la vache est-elle verte et pourquoi le cheval s'envole-t-il dans le ciel, pourquoi? Quel rapport avec Marx et Lénine?» A peine Chagall avait-il commencé à s'identifier à cette cause nouvelle, qu'il prit brutalement conscience que l'on voulait récupérer son art à des fins politiques. Dans *Le Peintre* (pl. p. 47), daté par Chagall de 1917 mais sans doute réalisé en 1919, il réagit énergiquement, affirmant la primauté de l'inspiration artistique. La figure familière du peintre pensif, absorbé par ses rêves, flotte dans l'espace de la toile, en suspens au-dessus de la terre, dans une sphère céleste imaginaire, détachée du monde réel. Coiffé d'une couronne de lauriers, antique symbole de la gloire du poète, il démontre la volonté farouche du peintre de créer ses propres réalités.

C'est surtout parce que Vitebsk fut plus ou moins épargnée par

Vie de paysans, 1917
Huile sur carton, 21 × 21,5 cm
New York, Solomon R. Guggenheim Museum

les famines qui s'étaient alors abattues sur le pays, que son académie, dirigée par Chagall, put bientôt s'enorgueillir de compter un nombre impressionnant de professeurs de renom. L'élite de l'avant-garde russe se déplaça petit à petit dans cette province, et des noms illustres comme El Lissitzky et Malevitch apportèrent à la ville un parfum de bohème. Des querelles idéologiques visant à définir le véritable art du futur tinrent bientôt Chagall en haleine. En 1915, Malevitch avait fait sensation avec son *Carré noir sur fond blanc* qui lui avait valu d'être considéré de par le monde comme l'un des chefs de file en matière de peinture. La savant équilibre de zones de couleurs abstraites que

Malevitch prônait comme de la «peinture pure», son principe de détacher l'art de tout rapport avec la réalité extérieure n'étaient pas sans déranger Chagall. C'est durant l'un de ses séjours à Moscou qu'eut lieu la révolution de palais. Il fut démis de ses fonctions, et son académie libre fut reprise par les «suprématistes». Chagall retrouva certes un poste à son retour, mais une profonde méfiance à l'égard de la Révolution et de sa conception de l'art s'était emparée de lui. En mai 1920, il quitta Vitebsk avec sa famille pour s'installer à Moscou.

Lui non plus néanmoins n'avait pu tout à fait se soustraire à l'influence de Malevitch. *Vie de paysans* (pl. p. 46) notamment,

Le Peintre: à la lune, 1917
Gouache et aquarelle sur papier,
32 × 30 cm
Bâle, collection Marcus Diener

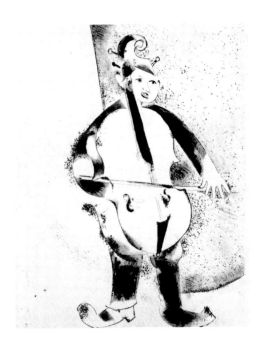

Le Musicien, 1922
Planche supplémentaire pour *Ma Vie*
Pointe sèche, 27,5 × 21,6 cm

datée de 1917 mais réalisée encore à Vitebsk en 1919, repose sur un équilibre réfléchi entre des formes géométriques monochromes, telles que les préconisait Malevitch dans son manifeste. Pourtant Chagall peuple cette trame abstraite de ses personnages habituels, interprète les surfaces de couleur comme des espaces réels, dans lesquels se font face deux figures types: l'homme au fouet et la femme à l'animal. La structure apaisante de la géométrie, symbole aussi pour Malevitch du monde intérieur, devient chez Chagall motif de base, cadre minimum pour l'élaboration d'une scène de genre.

La famille Chagall connut dans la nouvelle capitale une existence d'une extrême pauvreté. Son attrait pour la scène conduisit Chagall à exécuter des décors pour le «Théâtre juif» de Moscou, travail qui lui procurait d'ailleurs tout juste de quoi vivre. Il réalisa pour le foyer et la salle du théâtre de monumentales peintures murales, allégories des principales composantes de l'art dramatique. *Le Violoniste vert* de 1923–1924 (pl. p. 49) est la réduction du panneau *La Musique*, destiné au théâtre de Moscou. La silhouette familière du violoniste n'a rien perdu pour Chagall de sa puissance évocatrice, c'est une nouvelle affirmation de ses racines à une époque de profonde dépression.

Le soutien apporté par l'Etat aux artistes était fonction de l'éventuelle utilisation politique de leurs œuvres. Chagall était pratiquement au bas de la hiérarchie des boursiers de l'Etat, même si c'était Malevitch lui-même qui était responsable de la classification des artistes. Malevitch en effet n'avait pas une très grande estime pour son collègue. «Je pense que la révolution peut être grande tout en conservant le respect d'autrui», écrivait à l'époque Chagall dans *Ma Vie*, dont il avait presque achevé le manuscrit. C'est précisément ce respect devant son penchant pour l'insolite qui manquait dans le nouveau statu quo; la tendance à l'uniformisation n'avait pas tenu compte de ses appels à la liberté de l'imagination créatrice. Aucun argent, aucun succès, aucune perspective, rien ne retenait plus Chagall dans ce pays qui s'appelait désormais l'Union soviétique. Lounatcharsky fournit à l'artiste et à sa famille le visa qui leur permettra de partir.

Chagall se souvenait de la galerie berlinoise de Walden et du succès qui lui avait été si longtemps refusé. Il voulait lui aussi bénéficier de l'élan général et assurer financièrement sa carrière par la vente de ses tableaux. A son arrivée à Berlin en été 1922, il constata qu'il avait en effet un certain succès en Europe. Walden avait vendu les toiles qu'il avait laissées à Berlin et versé le bénéfice sur un compte. Malheureusement, l'Allemagne avait connu entre temps une inflation galopante, et l'argent avait perdu toute sa valeur. Chagall se retrouvait sans rien et dépossédé de ses tableaux. Il ouvrit un procès et put obtenir en dédommagement quelques rares tableaux que l'on racheta en toute hâte. Il se trouvait pour ainsi dire revenu à son point de départ.

Le Violoniste vert, 1923–1924
Huile sur toile, 198 × 108,6 cm
New York, Solomon R. Guggenheim Museum

La France et l'Amérique
1923 - 1948

Dans cette période de profond changement entre Moscou et Paris, dans le contexte de ce nouveau départ dans la vie, l'autobiographie de Chagall, dont il avait achevé le manuscrit en 1922, prend ici toute sa signification. Dans *Ma vie*, le peintre, qui n'a pas encore quarante ans, pose un regard rétrospectif sur son passé mouvementé, fait le point sur sa propre vie. Ces pages sont emplies de cet humour poétique qui sait si bien faire de ses créations picturales des témoins quotidiens de la vie de son enfance. Chagall a perdu ses œuvres égarées dans le labyrinthe du marché, mais ses souvenirs sont restés vivants dans son esprit.

Cet ouvrage devait paraître chez Paul Cassirer à Berlin, en partie aussi pour donner signe de vie à ses anciens amis restés en France. Pourtant, seul fut d'abord édité un album de vingt eaux-fortes que le peintre destinait à l'illustration de son texte. Le manuscrit lui-même ne parut qu'en 1931 à Paris, dans la traduction française de Bella. Le grand marchand de tableaux parisien Ambroise Vollard, protecteur des cubistes et ami intime surtout de Picasso, lui demanda bientôt d'illustrer *Les Ames mortes* de Gogol. Le 1er septembre 1923, Chagall entamait une nouvelle carrière artistique.

«Ce qui d'abord m'a sauté aux yeux, c'était une auge. Simple, carrée, moitié creuse, moitié ovale. Une auge de bazar. Une fois dedans, je la remplissais entièrement.» C'est en ces mots que commence *Ma Vie*. *L'Auge* (pl. p. 52), qui évoque les premières lignes de ce livre de souvenirs, est significatif de la pérennité de l'attachement de Chagall à son passé. De plus, les réminiscences de sa Russie natale ont sans doute été ravivées par le travail qu'il faisait sur l'œuvre de son compatriote Gogol. Pourtant, toutes ces images, à mesure que grandissait la renommée de Chagall, devinrent peu à peu composantes d'un style particulier, moins des évocations du monde du «shtetel» que références à un vocabulaire iconographique personnel. La femme et le cochon sont tous deux penchés au-dessus de l'auge. Le même dos allongé, la même présentation de profil de leur tête, la même soif rapprochent ici avec humour l'être humain et l'animal. Cette

La Promenade, 1922
Planche supplémentaire pour *Ma Vie*
Pointe sèche, 25 × 19 cm

Les Trois Acrobates, 1926
Huile sur toile, 117 × 89 cm
Collection particulière

L'Auge, 1925
Huile sur toile, 99,5 × 88,5 cm
Philadelphie, Philadelphia Museum of Art

composition tout à fait homogène, qui dans son absurdité apparaît comme le détail d'une de ces scènes qui animent souvent l'arrière-plan des toiles de Chagall, est traitée avec des couleurs d'une transparence et d'une subtilité typiquement françaises. Il existe deux versions de ce tableau qui se

différencient seulement par leur combinaison de couleurs. La sensibilité proprement occidentale pour le contenu émotionnel des couleurs vient ici se poser comme un film transparent, tempérant la rusticité de ces images d'enfance. Chagall peaufinera ce procédé dans les années à venir.

La Vie paysanne, 1925
Huile sur toile, 101 × 80 cm
Buffalo (N. Y.), Albright-Knox Art Gallery

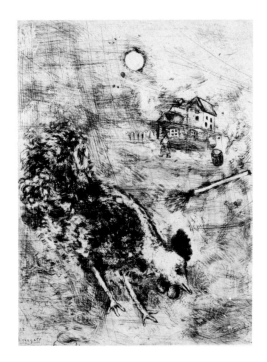

Le Coq et la perle, vers 1927–1930
Planche 11 des *Fables* (publié en 1952)
Eau-forte, 30,2 × 22,8 cm

Au début de cette nouvelle période parisienne, Chagall tenait particulièrement à exécuter chaque fois deux versions d'un même tableau, comme s'il voulait par cette duplication protéger ses œuvres des convoitises du marché. Il commença également à recréer nombre de ses toiles perdues à l'aide de reproductions ou de ses propres souvenirs. Cette reprise de ses œuvres anciennes reposait sans doute non seulement sur sa volonté de réparer les pertes de la guerre et d'effacer les avatars subis par son art, mais aussi sur son impression d'avoir laissé partir avec ses tableaux une partie de lui-même. Cette démarche n'était en aucun cas une simple paraphrase de ses propres œuvres. Elle démontrait combien le peintre croyait en la puissance de l'image, cette puissance qui avait précisément conduit le judaïsme à interdire la représentation de la figure humaine. Le culte de l'image et son interdiction ne sont-elles pas les deux aspects d'une même réalité? Chagall en tant que Juif se montre ici intimement lié aux traditions de son peuple. Ce pouvoir magique de l'image, cette «chimie» qu'évoquait si volontiers le peintre, s'exprime aussi dans le refus du maître de livrer ses œuvres au marché comme de simples objets. Sa faculté d'adaptation envers le public, certainement plus prononcée que chez la plupart de ses collègues, cédait pourtant le pas à l'évidente autorité de l'œuvre achevée.

La Vie paysanne, de 1925 (pl. p. 53), reprend le thème de *Moi et le village* (pl. p. 21), l'un de ces tableaux dont Chagall réalisa une deuxième version. On retrouve ici, placés dans un cadre imaginaire, les éléments les plus représentatifs du bonheur champêtre: symboles mêmes de la simplicité, l'homme et l'animal, le bien-être et l'idylle deviennent ici les accessoires types de ce genre pictural. Pourtant, la structure géométrique qui, dans le tableau antérieur, déterminait le face à face des motifs, a désormais laissé place à la libre association des différents éléments. L'homme qui nourrit le cheval, l'animal dont la silhouette sert de base à la maison, se trouvent juxtaposés et non plus opposés. C'est donc davantage le souvenir d'une toile antérieure qui inspira ici cette composition à Chagall, que la vie paysanne russe elle-même, moins volontiers idéalisée sur la toile par le peintre depuis les événements de la Révolution. Le contenu évocateur des couleurs et le schéma désormais moins rigide sont une manière d'actualiser des œuvres de jeunesse en fonction des tendances actuelles de l'art. Le cubisme a cédé la place au surréalisme. Chagall cherche à se rallier à ce mouvement en se libérant des contraintes qu'il s'était imposées, en prenant sans hésiter le parti de cette incohérence qui est le propre des rêves inconscients.

«... la métaphore, avec lui seul, marque son entrée triomphale dans la peinture moderne.» En 1945, André Breton faisait encore l'éloge des qualités poétiques de Chagall. Pourtant, malgré

Le Coq, 1929
Huile sur toile, 81 × 65 cm
Lugano-Castagnola, collection Thyssen-Bornemisza

l'estime que lui portrait le principal théoricien du surréalisme, Chagall entretenait avec ce mouvement des rapports hésitants. Influencé par la spontanéité de l'art populaire de son pays natal, le peintre avait découvert longtemps avant les surréalistes l'importance des rêves, des visions et de l'irrationnel dans l'élaboration de son art. Les surréalistes, dont les conceptions rejoignaient ici celles de Chagall, recherchèrent souvent l'adhésion du peintre à leur mouvement. Or Chagall trouvait trop excessif leur culte de l'inconscient, trop ostentatoire leur étalage d'illogismes, pour qu'il ait pu s'identifier à eux. Il n'y avait pas pour lui contradiction entre l'attachement à ses rêves et son respect de la réalité.

La famille Chagall avait pu emménager avenue d'Orléans, dans un appartement qui avait déjà abrité Lénine. Emplies de l'atmosphère magique d'un mobilier oriental, ses pièces étaient une enclave d'exotisme en plein cœur d'une capitale anonyme. Tapis et coussins étaient là en abondance, rappelant l'ambiance que Chagall imprimait à ses toiles. Le nimbe d'étrangeté et de mystère qui entourait son univers pictural s'étendit de plus en plus à la personne même de Chagall, devenant ce moyen d'identification qui allait le suivre tout au long de sa carrière. En 1924 avait eu lieu à Paris la première rétrospective Chagall, et en 1926 sa première exposition new-yorkaise. Depuis le milieu des années vingt au moins, les visions du jeune Russe de la province faisaient partie intégrante de la scène artistique. Et bientôt se présentèrent non seulement dans le mode de vie de l'artiste, mais aussi dans son œuvre, de subtiles éléments témoignant de sa volonté de réprondre à l'attente d'un public devenu de plus en plus large.

Par un dernier saut, la figure centrale des *Trois Acrobates* rejoint le bord de la scène pour recevoir fleurs et applaudissements. Chagall a toujours admiré le monde merveilleux du cirque, rencontre harmonieuse de la danse, du théâtre, de la musique et de la parole. Le tableau de 1926 (pl. p. 50) est le premier exemple d'une transposition picturale du thème du cirque par Chagall. L'apparition relativement tardive de cette confrontation avec un sujet qui l'avait attiré de tout temps peut se comprendre par cette nécessité d'adaptation à laquelle il se sentait désormais soumis. Pour la première fois, il se sentait prêt à utiliser la magie de son langage de rêve pour décrire un monde, par lui-même déjà empli de rêves et de magie. Le caractère merveilleux inhérent à la fois au thème et à sa représentation picturale manaçait d'être neutralisé par cette seule concordance. Contrairement à Picasso, qui confrontait sans merci ses saltimbanques et arlequins avec la dure réalité de la vie, Chagall, dans ses tableaux d'acrobates, était obligé de faire face au risque d'une trop évidente tautologie.

Cette composition rappelle le grand peintre espagnol tant par son thème que par sa clarté et sa rigueur presque classique.

Les Amoureux dans le lilas, 1930
Huile sur toile, 128 × 87 cm
New York, collection Richard S. Zeisler

Les Trois Acrobates, 1926
Eau-forte et aquatinte, 34,2 × 37,3

L'encadrement de la figure centrale par les deux autres plus petites, la composition triangulaire soulignée encore par le rideau en forme de baldaquin, la puissance sculpturale des trois corps enfin s'allient ici pour créer un équilibre presque académique, dans lequel vient s'inscrire un canon de beauté séculaire. Pour l'artiste, cette composition se doit surtout d'être la confirmation de sa faculté à suivre une certaine tradition picturale, sa recherche de l'expressivité des visages cédant ici le pas aux normes intemporelles de la sobriété classique. Ce tableau conserve l'atmosphère typique des créations chagalliennes, mais il témoigne aussi d'un emprunt stylistique délibéré aux œuvres du passé.

«Picasso, c'est le triomphe de l'intelligence, Chagall la gloire du cœur», écrit Franz Meyer, auteur d'une imposante monographie sur Chagall, résumant ainsi avec justesse le caractère de ces deux artistes qui entretenaient ensemble des relations épisodiques. La merveilleuse élégance du couple représenté dans Le Coq (pl. p. 55), où la figure de l'amoureux est remplacée par la silhouette monumentale de l'oiseau, se place encore dans ce monde intermédiaire, cet univers qui ne peut être que celui des sentiments et des émotions intérieures. La béatitude des deux personnages principaux est partagée par deux autres couples, réfugiés dans l'arrière-plan du tableau et dans la sécurité de leur propre idylle.

Le chant d'amour décrit ici par Chagall, cet élan de tendresse qui faisait écho à son propre état d'âme, trouve son expression la plus parfaite dans Les Amoureux dans le lilas (pl. p. 56), daté de 1930. Voluptueusement niché dans un immense bouquet, un couple d'amoureux semble abandonné à l'éternité de sa passion. Suivant une iconographie séculaire, Chagall a ici associé deux des motifs principaux de sa fabuleuse imagerie. C'est une icône représentant la Vierge enceinte, sa maternité indiquée par l'Enfant dessiné sur son ventre, qui fut à l'origine de cette composition. Chagall avait déjà utilisé ce schéma dans Le Marchand de bestiaux (pl. p. 31), où une jument portait son poulain en son corps. Le thème de la gestation est désormais transposé dans l'abstrait, il devient motif destiné à expliquer le contenu symbolique rattaché à ses œuvres. Ce procédé facilitait à l'évidence le déchiffrage du contenu des images chagalliennes, contribuant à la popularité que connaissaient alors les productions de l'artiste. Pourtant, ce désir d'être compris n'est pas sans conférer à ces tableaux une tendance à un certain romantisme désuet.

Les dix premières années à Paris furent, comme le reconnut Chagall, «la période la plus heureuse de ma vie». Un contrat avec le marchand d'art Bernheim l'avait délivré de tout souci matériel, sa famille avait pu emménager dans une villa, n'hésitant pas à passer ses vacances d'été dans le Midi de la France. Avec l'amélioration de ses conditions de vie et son bonheur privé,

L'Acrobate, 1930
Huile sur toile, 65 × 32 cm
Paris, Musée national d'Art moderne,
Centre Georges Pompidou

Chagall ne put s'empêcher d'imprimer à son œuvre une certaine préciosité. En effet, la naïve insouciance de ses tableaux d'alors n'est que le reflet de son existence facile. Une atmosphère féerique a désormais succédé à cet univers pictural mouvementé que requérait autrefois en compensation une réalité riche en événements.

Bientôt pourtant le climat s'assombrit. Dans *Solitude* (pl. p. 60), réalisé en 1933, une profonde mélancolie a remplacé les joyeux ébats amoureux. Absorbé par ses pensées, un Juif à la barbe noire, sans âge, est assis dans l'herbe, enveloppé dans son taleth. Il tient le rouleau de la thorah fermé dans sa main gauche, mais la tradition religieuse de ses pères ne semble pas pouvoir l'aider à soulager sa peine. A côté de lui est allongée une vache aux yeux tristes, dont la présence fait écho aux paroles du prophète Osée: «Telle une génisse rétive, Israël se montre rétif.» Ensemble, ils symbolisent le peuple de Chagall, les Juifs de la diaspora, suggérée par le paysage russe de l'arrière-plan. Le vieil homme du tableau est devenu Ahasvérus, le Juif errant qui parcourt éternellement le monde, incertain de son avenir. A l'horizon, dans ces lointains habituellement si empreints de douceur, s'assemblent des nuages d'orage, repoussant l'ange qui vole dans le ciel de leur sinistre noirceur. En 1931, Chagall s'était

Solitude, 1933
Huile sur toile, 102 × 169 cm
Tel Aviv, Tel Aviv Museum

La Révolution, 1937
Huile sur toile, 50 × 100 cm
Propriété des héritiers de l'artiste

rendu en Palestine, la terre promise, mais les répercutions picturales de ce voyage sont loin de respirer l'optimisme. Soucieux de l'évolution du monde, le peintre exprime sa consternation. L'année même où la barbarie de l'idéologie nazie s'était emparée de l'Allemagne, la marque brutale de la réalité chassa toute joyeuse insouciance de l'œuvre de Chagall.

Peint avec ce langage si personnel de l'artiste, *Solitude* évoque les dangers qui menacent son peuple et l'Europe toute entière. Ce n'est pas ici le récit, mais l'ambiance de la toile qui traduit cette nouvelle vision pessimiste du monde, montrant aussi que ce tableau s'inscrit encore dans l'esprit de la peinture d'atmosphère qui caractérisait les productions des années vingt. Son voyage en Pologne, au printemps 1935, convainquit définitivement Chagall de la suprématie d'une réalité politique que son monde d'images ne pouvait plus ignorer. C'est profondément bouleversé qu'il découvrit le ghetto de Varsovie et vécut comment son ami Doubnov fut insulté et traité de «sale Juif» en pleine rue. Le monde juif n'était plus une unité repliée dans une sécurité rassurante, il était devenu le théâtre de pogroms sans merci, l'objet d'un impitoyable acharnement raciste. La conscience de cette imminence du danger conféra à nouveau aux tableaux de Chagall une profonde puissance.

Ces atteintes du fascisme contre les derniers restes de morale rencontrèrent une réaction engagée dans la peinture d'histoire du XXe siècle. Le *Guernica* de Picasso (Madrid, Musée du Prado) prouva la véhémence dont était capable la culture dans sa protestation contre le cynisme politique. *Guernica* fut la triste attraction de l'Exposition internationale qui se déroula à Paris en 1937. La même année, Chagall présenta son propre manifeste,

La Crucifixion, 1951–1952
Lithographie, 42,3 × 33,5 cm

«L'essentiel, c'est l'art, la peinture, une peinture différente de celle que tout le monde fait.
Mais laquelle? Dieu, ou je ne sais plus qui, me donnera-t-il la force de pouvoir souffler dans mes toiles mon soupir, soupir de la prière et de la tristesse, la prière du salut, de la renaissance?»   Chagall, *Ma Vie*

La Crucifixion blanche, 1938
Huile sur toile, 155 × 140 cm
Chicago, Art Institute of Chicago

Révolution (pl. p. 61), qui devait répondre à la prise de position du peintre espagnol. Cette élégie n'est pas le reflet d'un événement particulier, mais une tentative d'exprimer en un langage pictural sensible un profond désarroi face à l'actualité politique. Deux possibilités opposées s'offrent ici pour comprendre et déterminer l'évolution du monde. A gauche, des révolutionnaires renversent les barricades, brandissant les drapeaux rouges de la victoire du communisme. A droite, face à cette foule symbole d'une revendication politique de l'égalité, se déroule le monde insouciant de la fantaisie humaine. Musiciens, clowns et animaux s'ébattent côte à côte, l'inévitable couple d'amoureux a trouvé refuge sur le toit d'une isba et, selon la manière typique de Chagall, défiant toute gravitation, les personnages sont tous entraînés dans le même élan. C'est le personnage de Lénine qui constitue la charnière entre ces deux mondes; en équilibre sur une main, le corps renversé, il indique aux révolutionnaires le chemin qui conduit, à droite, vers le particularisme individuel. «Je pense que la révolution peut être grande tout en conservant le respect d'autrui», écrivait Chagall, affirmant son identité d'artiste face aux événements qu'il avait vécus en Russie. La volonté créatrice de chacun est le moteur de la lutte pour la liberté politique. Mais le vieux Juif de *Solitude* reste toujours préoccupé de son avenir et de celui de son peuple.

La puissance du contenu thématique, la richesse significative de la composition ont fait perdre toute atmosphère au tableau. Il rappelle, dans son application à défendre une thèse, certaines des œuvres de jeunesse du peintre: c'est ici le même désir d'atteindre à un concept général et supérieur, la même déception devant le résultat formel. Cette opposition radicale entre deux réalités types, se devant de résumer le monde, ne parvient pas à refléter la complexité du phénomène que Chagall cherche à illustrer. Le peintre lui-même ne fut jamais vraiment satisfait de cette réponse à l'œuvre monumentale de Picasso. En 1943, il découpera en trois parties sa grande version de *Révolution*, augmentant par la forme du triptyque son symbolisme politique et religieux. Il conserva la petite version présentée ici, témoin de sa participation au monde contemporain, au-delà de toute volonté de créer un art intemporel.

La *Crucifixion blanche* de 1938 (pl. p. 63), deuxième tableau à thèse de cette même période, propose une solution plus convaincante. En la personne du Crucifié, en la Passion du prophète des Juifs, Dieu fait homme pour sauver le monde par sa mort, Chagall a trouvé désormais le symbole même des souffrances de son temps. Tels les instruments de la Passion du Christ, s'assemblent autour de la Croix monumentale différentes scènes de violence et de désarroi. Des troupes de révolutionnaires brandissant des drapeaux rouges pillent et saccagent un village. Des fuyards dans une barque appellent à l'aide avec de

grands gestes de détresse. Un homme vêtu de l'uniforme nazi profane la synagogue. Des silhouettes désespérées tentent au premier plan de s'échapper du cadre du tableau. Ahasvérus, le Juif errant, traverse la toile en silence, marchant sur un rouleau de la thorah en flammes. Les témoins de l'Ancienne Alliance, en suspens dans la pénombre sinistre de l'arrière-plan, se répandent en complaintes. Pourtant, un rayon de lumière claire descend du haut du tableau, illuminant la silhouette blanche et pure du Crucifié. Les traces de ses souffrances sont effacées, le culte de son autorité séculaire devient porteur d'espoir au milieu de tous les événements traumatisants du présent. La foi en lui déplace les montagnes du désespoir, tel est le message de Chagall.

Ce tableau a perdu toute trace d'humour. C'est une peur viscérale qui a dicté cet appel pathétique à la force de la religion, unique dans l'œuvre chagallienne. Ici, et peut-être seulement ici, le recours du peintre aux ficelles de son art a perdu tout relent de génialité consciente et voulue. L'intégration même de scènes actuelles confère à ce tableau la profondeur intemporelle d'une icône. La véritable réponse au *Guernica* de Picasso, c'est cette *Crucifixion blanche*, emplie de la douleur des hommes, qui la fournit.

La sensibilité de Chagall, qui dès avant l'annonce de la guerre ressentait déjà si profondément les horreurs à venir, s'exacerba encore au début des hostilités, se traduisant bientôt par une peur panique. L'émigration intérieure, la fuite dans les limites d'un art personnel, dans l'espoir d'échapper à la réalité politique – à l'exemple de Picasso à Paris – aurait signifié pour le Juif qu'était Chagall l'attente passive de l'horreur des camps de concentration. Aussi la famille Chagall partit-elle au printemps 1940 à Gordes, en Provence, région plus éloignée de l'Allemagne nazie qui semblait devoir lui assurer une plus grande sécurité. C'est là que Chagall acheva *Les Trois Cierges* (pl. p. 64) en 1940, après deux années de travail. A l'écart de toute vie culturelle, dans l'angoisse perpétuelle d'être arrêté, le peintre déroule sous ses yeux d'une manière presque obsessionnelle tout son répertoire d'images: le magicien, le couple d'amoureux, le village affermissent par leur silencieuse résurgence l'existence même de l'artiste face au danger. La prédominance de couleurs mélancoliques, l'inquiétude contenue dans les gestes craintifs des figures, se figent en une sorte de nature morte symbole de l'éphémère, s'alliant au caractère funèbre des cierges pour créer un sinistre *memento mori*.

La France, dont le gouvernement collabore avec les nazis, n'offre plus une protection suffisante à Chagall. Il est pris au cours d'une rafle à Marseille, et seule l'intervention des Etats-Unis lui permit d'échapper aux mains des nazis. Le peintre célèbre put ici compter sur une médiation du public, alors qu'une grande partie de son peuple s'engageait, dans une silencieuse souffrance, sur

Les Trois Cierges, 1938–1940
Huile sur toile, 127,5 × 96,5 cm
Collection particulière

Pages suivantes:
Obsession, 1943
Huile sur toile, 77 × 108 cm
Propriété des héritiers de l'artiste

le chemin de l'anéantissement. Le 7 mai, Chagall s'embarqua avec sa famille pour l'Amérique. Le mythe d'Ahasvérus, de l'éternelle errance du peuple juif qu'il avait si souvent contée dans ses tableaux, n'était plus un simple motif pictural, il était devenu une réalité personnelle.

Le 23 juin 1941, jour de l'attaque allemande contre l'URSS, Chagall posa le pied sur le sol de New York. Après Paris et Berlin, il vivait désormais dans la troisième métropole du monde, qui pouvait s'enorgueillir de son extraordinaire brassage de peuples et de cultures. De par la nature même de sa vie, Chagall a toujours été attiré par ces creusets humains dans lesquels diversité et exotisme sont élixirs de vie. La famille Chagall habita d'abord dans une maison de campagne à Preston (Connecticut), un peu à l'écart de la ville, avant d'emménager dans un petit appartement new-yorkais.

Réalisées loin des événements de la guerre, les toiles des années suivantes verront leur atmosphère changer par rapport à la profonde tristesse qu'exhalaient les dernières créations parisiennes. Malgré la prédominance des thèmes de la guerre et de la Crucifixion, l'intensité de la compassion exprimée par Chagall s'atténue quelque peu. En effet, l'annonce quotidienne de nouvelles atrocités de la guerre semble avoir émoussé la violence de sa réaction de solidarité. *Obsession*, de 1943 (pl. p. 66–67), témoigne bien de l'impossibilité de trouver sans cesse de nouveaux moyens de manifester une souffrance partagée. La flamme sinueuse qui surgit de la fenêtre, le Juif brandissant le chandelier à trois branches, la fuite de la charrette et le caractère menaçant, enfin, des couleurs flamboyantes, sont devenus des reprises de thèmes typiques ayant perdu la force de l'inédit. Seul le Crucifix renversé, témoin d'un espoir déçu, parvient à traduire l'ampleur des bouleversements qui ont secoué le monde. Pourtant, ce moyen stylistique utilisé par Chagall semble ici trop anecdotique, et l'association des thèmes de la Passion et de la guerre trop exploitée déjà, pour conférer au message convaincant de *La Crucifixion blanche* de nouvelles dimensions émotionnelles.

Cette constatation met au jour un problème fondamental du vocabulaire pictural de Chagall, cette tendance à l'autonomie des motifs au détriment de leur puissance expressive. Toutes les composantes typiques de ses productions, couples d'amoureux, isbas, animaux, auxquels s'ajoutèrent ensuite les thèmes religieux, s'associent chaque fois en une combinaison nouvelle qui détermine le caractère du tableau. Juxtaposées comme les mots d'une phrase, elles perdent ainsi par ces diverses répétitions leur signification première. Leur contenu symbolique et leur capacité à projeter une réalité sur la toile s'atténuent, alors qu'apparaît leur caractère de citation, d'emprunt à un vocabulaire personnel de référence. Issues d'un monde d'apparence mystique, ces images

Au cri du coq, 1944
Huile sur toile, 92,5 × 74,5 cm
Collection Katherine Smith Miller et
Lance Smith Miller

ne renvoient bientôt plus qu'à leur propre exotisme, et la réalité qu'elles se devaient d'illustrer devient schéma. Le tableau ne transmet plus finalement que des atmosphères spécifiques, dépendant davantage des couleurs que de la figuration elle-même. Les motifs ne servent plus que d'étiquette, de moyen d'identifier la toile comme «un Chagall». L'aura d'étrangeté qui enveloppait Chagall tend ainsi à se dissiper. L'appel à la tolérance et à la compréhension qu'il sut associer à son œuvre risquait aussi d'être étouffé par la présence envahissante d'éléments trop typiques. Seule la capacité d'évolution stylistique de Chagall lui permit quelque peu d'échapper à ce danger. Il se révéla d'ailleurs dans cette démarche comme un disciple fidèle des abstraits: c'est le coup de pinceau et les combinaisons chromatiques, et non les motifs, qu'il chargeait de déterminer le contenu spécifique et l'originalité de ses tableaux.

En témoignent non seulement *La Maison à l'œil vert* (pl. p. 72) ou *La Madone au traîneau* (pl. p. 75), mais aussi *Au cri du coq* (pl. p. 69). Le coq, dont seuls le contour et la tête bleue se détachent du fond rouge, contient en lui deux autres motifs-clefs de Chagall: la position étonnante de sa patte évoque les figures d'acrobates, et les plumes de sa queue servent de refuge à un violoniste. Ce coq curieusement pond des œufs, et présente de ce fait la même androgynie et la même ambiguïté que la vache sur fond noir, dont la tête se scinde en deux visages d'amoureux. Le croissant de lune, l'arbre renversé et la maisonnette viennent encore compléter ce choix de motifs typiquement chagalliens. L'aube du chant du coq repousse lentement l'obscurité de la nuit, refuge du couple. Peut-être cette toile est-elle le témoin d'une nouvelle lueur d'espoir, née dans l'esprit du peintre voyant se dessiner la débâcle du nazisme.

«Tout s'est assombri sous mes yeux.» C'est en ces mots désespérés que Chagall conclut les lignes qu'il consacra au livre de Bella, *La Première Rencontre*. A sa parution en 1947, Bella était morte déjà depuis trois ans, dans les circonstances mystérieuses d'une infection virale. Tous les signes annonciateurs d'un monde meilleur s'évanouirent brutalement; la muse de Chagall, si souvent invoquée, avait laissé par son livre un testament au peintre, une dernière source d'inspiration pour son mari. *Le Mariage* (pl. p. 71), réalisé peu après sa mort en 1944, reprend aussi un épisode de *La Première Rencontre*, le mariage d'Aaron, le frère de Bella. Pourtant, le ton enjoué choisi par Bella, qui témoigne de la même insouciance et du même humour discret que l'autobiographie de Chagall, a cédé ici la place à une sinistre tristesse. Les jeunes mariés donnent l'impression de s'appuyer l'un contre l'autre dans une molle indifférence, et les musiciens, aux allures d'anges, se prêteraient aussi bien à accompagner une cérémonie mortuaire qu'à animer les danses d'une noce. La disparition de Bella est au centre des créations de

Le Mariage, 1944
Huile sur toile, 99 × 74 cm
Collection Ida Chagall

La Maison à l'œil vert, 1944
Huile sur toile, 58 × 51 cm
Collection Ida Chagall

cette époque; un malheur personnel est venu se greffer sur les funestes événements du monde.

Après la Libération, Chagall tente pour la première fois en 1946 de revoir l'Ancien Monde dans lequel s'amorça sa carrière

d'artiste. Les impressions suscitées par son voyage à Paris peuvent sans doute expliquer la timide gaîté qui s'est glissée dans un tableau comme *La Vache à l'ombrelle* (pl. p. 73). Un soleil torride répand ses feux sur la toile, mais une ombrelle est là qui promet ombre et soulagement. C'est paradoxalement une vache qui va s'en saisir, car Chagall utilise ici son procédé classique de substitution de l'homme par l'animal. Employé dans cette toile d'une manière exemplaire, il apparaît comme une caractéristique de l'œuvre de Chagall, qui contribue beaucoup à lui conférer le charme d'un humour insolite. Pourtant, le tableau reste empreint d'une tonalité sombre et triste, qui transforme ce côté humoristique en une démonstration de bonne humeur quelque peu forcée.

Epilogue de vingt-cinq ans d'activité artistique, exemple de la participation engagée du peintre aux événements du monde, conclusion enfin de la chronique d'une barbarie grandissante, *La Chute de l'ange* (pl. p. 74) demanda à Chagall vingt-cinq ans de travail et de recherches. En 1922, lorsque le peintre aborda cette toile, elle ne devait comprendre que les figures du Juif et de l'ange, et illustrer l'explication du mal dans le monde, telle qu'elle

La Vache à l'ombrelle, 1946
Huile sur toile, 77,5 × 106 cm
New York, collection Richard S. Zeisler

La Chute de l'ange, 1923–1947
Huile sur toile, 148 × 189 cm
Bâle, Kunstmuseum

Page de droite:
La Madone au traîneau, 1947
Huile sur toile, 97 × 80 cm
Amsterdam, Stedelijk Museum

apparaît dans l'Ancien Testament. Jusqu'en 1947 vinrent progressivement se greffer sur ce thème central des souvenirs du petit monde russe de son enfance, auxquels s'ajoutèrent encore les motifs chrétiens de la Vierge à l'Enfant et du Crucifié. Croyance juive, histoire individuelle et motif chrétien de la Rédemption se fondent en un message représentatif de l'ensemble de l'œuvre chagallienne. Additionnés les uns aux autres, ces motifs, dans leur cohésion et dans la diversité des concepts qu'ils évoquent, s'allient pour traduire l'aspiration du peintre à une formule visuelle du monde. Rien que son histoire, son itinéraire à travers la moitié du monde et la durée de son élaboration font de ce tableau un exemple représentatif de l'art du XXe siècle, de l'errance et des dangers qui menacent l'œuvre laissée à elle-même. Son histoire lui donne cette force que Chagall a toujours désiré imprimer à ses tableaux, une force à la hauteur de la vénération des Juifs pour l'image. L'odyssée de Chagall, qui s'acheva avec son retour en France en été 1948, fut très tôt – dès l'exposition de Walden à Berlin – l'odyssée de ses propres œuvres.

Les dernières années
1948 - 1985

Même après le retour de Chagall en France, son œuvre continue d'être la métaphore poétique de son existence mouvementée; une danse de funambule entre rêve et réalité, une aventure de l'imagination qui révèle et rend tangible l'invisible. Pourtant, son œuvre tardive tend peu à peu à se détacher des deux principales sources de son art: la tradition juive orthodoxe et le folklore russe. Les images rattachées au souvenir du petit village russe cèdent la place à des motifs empruntés à la mythologie grecque, à la foi chrétienne et aux expériences concrètes de la vie quotidienne. A cette prudente évolution dans le choix des thèmes, s'ajoute une diminution progressive de la signification des symboles éternellement repris par le peintre. Même la sympathie de Chagall pour l'art d'avant-garde semble passer à l'arrière-plan après 1947, le langage pictural de l'artiste paraissant davantage marqué par ses goûts personnels et ses tendances acquises au cours des ans que par la volonté de se rallier aux manifestations les plus actuelles de l'art.

Non seulement Chagall se distancie de l'activité artistique de l'époque, mais il se retranche aussi de plus en plus dans sa vie privée. Son ancienne vie de bohème appartient désormais presque au passé. En 1950, il s'installe dans une maison à Saint-Jean-Cap-Ferrat et se marie deux ans plus tard avec la Russe Valentina Brodsky, qu'il surnomme tendrement Vava. Ce bonheur intime, Chagall s'en laisse inspirer à une époque précisément où le public avait les yeux tournés vers lui et son art.

Malgré sa renommée grandissante, ses œuvres de la dernière période de sa vie resteront toujours marquées par ce côté «surnaturel» et intimiste qui de tout temps avait caractérisé ses toiles. C'est en 1983 qu'il réalisa *Couple sur fond rouge* (pl. p. 76). L'homme entoure délicatement de son bras le torse de la jeune femme, dans le désir de l'attirer avec douceur vers lui. Il penche tendrement sa tête vers la sienne, cherchant son regard, alors qu'elle se détourne encore hésitante vers le spectateur, comme si celui-ci venait déranger ce rendez-vous amoureux.

Au rouge flamboyant qui semble envahir le couple répond un bleu froid dans lequel apparaît à droite le peintre, la palette dans

Couple en croissant, 1951–1952
Lithographie, 41,5 × 34,3 cm

Couple sur fond rouge, 1983
Huile sur toile, 81 × 65,5 cm
Propriété des héritiers de l'artiste

Le Quai de Bercy, 1953
Huile sur toile, 65 × 95 cm
Bâle, collection Ida Chagall

sa main gauche. Un vase rempli de fleurs semble s'échapper de ses bras ouverts, comme le livre, en bas, de ceux du couple allongé. La forme générale de la tache bleue reprend l'ovale de la palette, et le bouquet comme le corps de l'oiseau ne sont rien d'autre que des taches de couleurs abstraites. Ces motifs se rapprochent étrangement d'un tableau d'une série inspirée par Paris et réalisée trente ans auparavant (pl. p. 78). On retrouve le couple d'amoureux au centre de la composition, un oiseau et un arbre, dont la couleur et l'aspect rappellent le bouquet de fleurs. Non seulement Chagall reprend les mêmes motifs au cours des différentes décennies, mais il utilise aussi des artifices analogues. En effet, si la toile de 1983 évoque dans la forme abstraite de la tache bleue le contour d'une palette agrandie, celle de 1953 suggère un cœur monumental. Sa pointe repose sur le bord inférieur du tableau et se situe exactement au centre de la composition. De cette pointe part une diagonale vers la gauche qui se perd dans l'arbre après avoir dessiné aussi bien la rive du fleuve que l'un des côtés du cœur. Vers la droite, une deuxième ligne traverse le fleuve et conduit dans la moitié supérieure du tableau en un arrondi caractéristique d'un cœur stylisé. Le symbole de l'amour sert ici à entourer un couple d'amoureux.

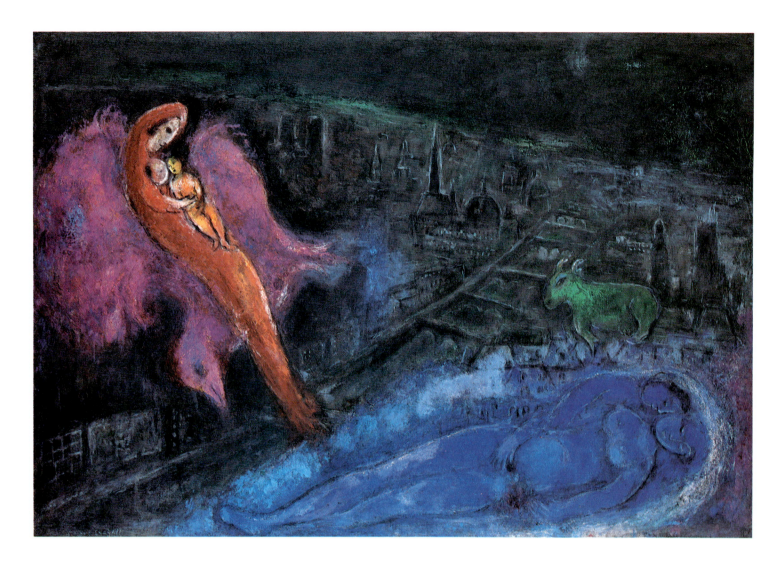

Dans son œuvre tardive, Chagall parvient souvent ainsi à conférer une fonction picturale à des formes abstraites par nature. Ce qui, au premier abord, apparaît comme une ligne ou une surface servant à structurer la toile, se révèle être un élément contribuant à la signification même de la représentation, à l'instar du cœur. Chagall se détache par là même des idées du cubisme et des conceptions de Delaunay qui l'avaient autrefois influencé.
A l'époque, le peintre se trouvait partagé entre sa volonté de soumettre le tableau à des formes abstraites, de l'enfermer pour ainsi dire dans un réseau géométrique, et son désir de figurer des objets encore identifiables.

Parallèlement à cette nouvelle fonction de la forme, on assiste à une libération des couleurs. Avec un léger décalage, Chagall reprend à son compte les principes du tachisme né en 1947 avec les premiers drip-paintings de l'Américain Jackson Pollock. Dans *Les Ponts de la Seine* (pl. p. 79) par exemple, la tache bleue ne correspond plus tout à fait à une forme déterminée. Elle recouvre certes le couple allongé, mais elle en dépasse les contours pour former une sorte de halo entourant les amoureux enlacés. Comme dans toutes les autres toiles où l'on décèle l'influence de la peinture américaine abstraite ou expressive, la

Les Ponts de la Seine, 1954
Huile sur toile, 111,5 × 163,5 cm
Hambourg, Kunsthalle

Les Toits, 1956
Lithographie, 55 × 41 cm

manière ici n'a rien de spontané, elle ne fait que renforcer cette impression d'imperturbable ingénuité que Chagall a toujours rattachée avec diverses nuances aux merveilleux habitants de ses toiles.

Le principe de l'indépendance des couleurs trouve aussi son illustration dans de nombreux tableaux de la même époque comportant des motifs floraux, comme Le Champ de Mars (pl. p. 81). Les fleurs fournissent à Chagall une occasion bienvenue de démontrer sa maestria de peintre. Elles lui permettent de jouer avec les différentes valeurs chromatiques, de nuancer avec soin les tonalités et d'apprécier les contrastes de couleurs. Ces parties de la toile sont en quelque sorte des îlots de peinture pure, au milieu d'images témoignant d'une technique picturale non moins délicate, mais davantage liée à l'objet représenté.

Ce recours à l'autonomie des couleurs pour une meilleure compréhension et une meilleure lecture du tableau apparaît bien dans Le Concert, de 1957 (pl. p. 82). Une barque ayant à son bord un couple d'amoureux avance sur un fleuve, encadré à droite par une ville, à gauche par un groupe de musiciens. Le corps nu des deux figures est recouvert d'un rouge lumineux qui se poursuit au-delà de leurs têtes vers le haut de la scène. Parallèlement à cette bande rouge, deux autres rubans de couleur bleue s'élèvent de la surface de l'eau en direction de la sphère occupée par l'orchestre. Ensemble, elles suggèrent un mouvement ascendant de la barque, de la droite vers la gauche. Cette promenade romantique à la lueur de la pleine lune est en fait un passage de la ville, enveloppée d'un bleu froid, à un monde supérieur, peuplé de musiciens célestes.

Les symboles de Paris, Tour Eiffel, Arc de Triomphe et Notre-Dame, permettent aisément d'identifier la ville peinte ici par Chagall. C'est là où l'artiste avait son atelier avant la guerre, à une époque où la capitale était encore la métropole de l'art. Comme beaucoup de ses amis peintres, Chagall lui avait tourné le dos, contribuant à faire de la Côte d'Azur un petit Montparnasse. Ce cadre et cet entourage correspondaient tout à fait au goût de l'artiste, qui resta dans cette région et se fit construire en 1967 à Saint-Paul-de-Vence une maison répondant à ses besoins. Elle comportait trois ateliers, un pour la gravure, un autre pour le dessin et le troisième pour la peinture et les projets monumentaux.

C'est peu avant ce dernier déménagement qu'il acheva son travail sur Exode (pl. p. 83). Le titre est une allusion au départ des Israélites d'Egypte en 1200 avant Jésus-Christ, tel qu'il est décrit dans l'Ancien Testament. Après avoir traversé miraculeusement la mer Rouge, Moïse, qui conduisait son peuple, reçoit les Dix Commandements. C'est lui qui occupe l'extrémité inférieure droite du tableau, tenant précisément dans ses bras les Tables de la Loi transmises de la main de Dieu. Derrière lui grouille une

Le Champ de Mars, 1954–1955
Huile sur toile, 149,5 × 105 cm
Essen, Museum Folkwang

innombrable foule qui semble sourdre de la profondeur de la toile. C'est, vu à travers les yeux de Chagall, le peuple des Hébreux qui rejoint la Terre promise selon le récit de la Bible, et selon une réalité vivante jusqu'à la création de l'Etat d'Israël en 1948. Différentes périodes de l'histoire fusionnent ici sous le pinceau si caractéristique de Chagall en un nouveau message empli de poésie.

Le thème de l'exode et de la fuite apparaît encore dans *La Guerre* (pl. p. 84). Une misérable carriole, ployant sous le poids de sa charge, s'éloigne lentement d'une ville en flammes. Un homme la suit péniblement, un sac jeté sur ses épaules contenant sans doute les seuls biens qu'il a pu arracher au brasier. La plupart des figures n'ont réussi à sauver que leur vie et se cramponnent les unes aux autres dans une étreinte désespérée. Il reste encore dans la ville plusieurs hommes et animaux condamnés à périr dans les flammes dévastatrices. Chagall illustre avec une profonde sensibilité les souffrances de son peuple soumis aux cruautés de la guerre. En ajoutant encore à cette peinture de la violence une Crucifixion qui vient s'intégrer dans la partie supérieure droite du tableau, Chagall élève les victimes de la guerre au rang de martyrs qui, sans avoir commis de faute, sont pourtant contraints à porter sur leurs épaules le fardeau des péchés.

A côté de ces quelques peintures inspirées de l'histoire moderne, qui sont d'ailleurs moins le reflet du contexte historique

Le Concert, 1957
Huile sur toile, 140 × 239,5 cm
New York, collection Evelyn Sharp

L'Exode, 1952–1966
Huile sur toile, 130 × 162 cm
Propriété des héritiers de l'artiste

de l'époque que le témoignage de la souffrance humaine, Chagall a aussi exécuté des portraits, moins nombreux encore. Il réserva exclusivement cet honneur à ses deux épouses, après avoir quitté la Russie. C'est de 1966 que date le portrait de Vava (pl. p. 85). L'élue est assise sur une chaise, le bras gauche appuyé sur le dossier. Devant son corps flotte un couple d'amoureux, preuve, s'il en était besoin, de la profonde inclination de son mari pour elle. A l'arrière-plan, on reconnaît des motifs du répertoire traditionnel du peintre: la Tour Eiffel, une tête d'animal rouge, une rue de village. Ils sont là cette fois pour suggérer l'intérieur d'un atelier, dans lequel pose Vava, la muse de Chagall.

«Pour moi, le cirque est un spectacle magique, qui passe et fond comme un monde.» C'est en ces mots que Chagall évoque cet univers si proche de celui de ses toiles, un univers auquel il a consacré plusieurs de ses œuvres, telles *Le Grand Cirque* (pl. p. 87) ou *La Grande Parade* (pl. p. 90). Gaîté et musique, choses étranges et merveilleuses, monde apparemment à l'écart de toute

La Guerre, 1964–1966
Huile sur toile, 163 × 231 cm
Zurich, Kunsthaus

Page de droite:
Portrait de Vava, 1966
Huile sur toile, 92 × 65 cm
Propriété des héritiers de l'artiste

loi – autant de caractéristiques qui s'appliquent aussi bien aux images de Chagall qu'à la réalité du cirque. La représentation de la joyeuse activité de la piste est comme la concrétisation de ses images fabuleuses, la correspondance concrète de leur réalité imaginaire. L'homme suspendu dans l'espace n'est plus ici, sous les lumières du chapiteau, qu'un simple trapéziste.

De même, l'étonnant homme ailé de *La Chute d'Icare* (pl. p. 88) n'est pas le fruit de l'imagination du peintre, mais une référence au mythe grec d'Icare et de Dédale son père, qui se fabriquèrent des ailes pour fuir la Crète où ils étaient retenus captifs. Icare, peu discipliné, se rapprocha trop du soleil et, perdant ses ailes attachées par de la cire, fut précipité dans la mer. Chagall a déplacé le lieu de l'action, et l'accident est suivi maintenant avec attention par toute une foule de spectateurs. La tranquillité du village se trouve bouleversée par cet événement historique. Si *La Chute d'Icare* se caractérise par ses couleurs étonnamment claires, choisies pour souligner le rôle essentiel joué par le soleil dans la légende, *Le Mythe d'Orphée*, en revanche, est dominé par des tonalités sombres, évoquant les Enfers où descendit le héros grec pour délivrer sa bien-aimée Eurydice.

Les Comédiens, 1968
Huile sur toile, 150 × 160 cm
Suisse, collection particulière

Chagall voulait laisser à la postérité quelque chose de grand et c'est différemment selon chacune de ses périodes créatrices qu'il s'acquitta de cette tâche qu'il s'était imposée. Dans les dernières années de sa vie, hormis quelques suites de lithographies, comme ses fameuses illustrations de la Bible (1957) et son *Daphnis et Chloé* (1961), ce furent essentiellement de monumentales peintures murales, des mosaïques, des tapisseries et des vitraux, qui furent au centre de ses recherches artistiques. En quelques années, il réalisa successivement plusieurs grands travaux, dont les plus importants furent les décors pour l'église du Plateau-d'Assy, en Savoie (1957); les vitraux de la cathédrale de Metz (à partir de 1958); la décoration du foyer du théâtre de

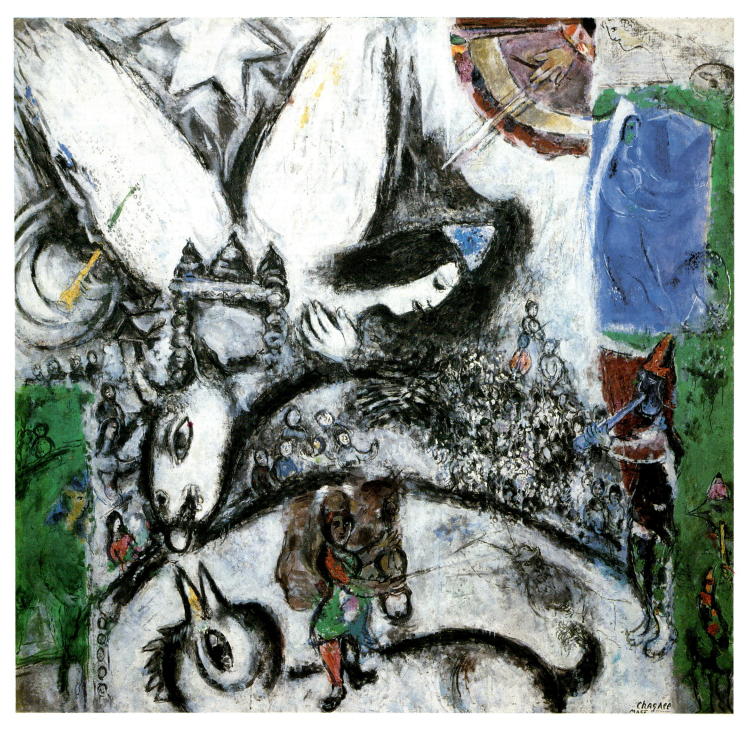

Francfort (1959); les vitraux pour la synagogue du centre «Hadassah», à Jérusalem (1962); les vitraux pour le siège des Nations Unies à New York, et le nouveau plafond de l'Opéra de Paris (1964); des panneaux muraux pour Tokyo et Tel Aviv, ainsi que pour le Metropolitan Opera de New York (1965); des décorations murales pour le nouveau Parlement de Jérusalem (1966); des mosaïques pour l'Université de Nice (1968); des vitraux pour le Fraumünster de Zurich (1970); des mosaïques pour le musée Chagall de Nice (1971); les vitraux de la cathédrale de Reims et des mosaïques pour la First National Bank de Chicago (1974); des vitraux, enfin, pour l'église Saint-Etienne de Mayence (à partir de 1978).

Le Grand Cirque, 1968
Huile sur toile, 170 × 160 cm
New York, Pierre Matisse Gallery

La Chute d'Icare, 1975
Huile sur toile, 213 × 198 cm
Paris, Musée national d'Art moderne,
Centre Georges Pompidou

Son appartenance à une communauté religieuse précise ne devait devenir, ni pour Chagall ni pour ses nombreux commanditaires, un critère restrictif. Il décora tant synagogues que cathédrales. Le «communiste Léger» avait bien peint une chapelle, tout comme Matisse d'ailleurs. En ce qui concerne ce dernier, Chagall avait l'impression que ses panneaux de Vence n'incitaient guère à la prière. A son avis, son propre style se

Le Mythe d'Orphée, 1977
Huile sur toile, 97 × 146 cm
Propriété des héritiers de l'artiste

prêtait infiniment mieux à ce genre de commandes, pour lesquelles il était essentiel de trouver une tonalité religieuse générale, les motifs reproduits restant secondaires. Par exemple, les vitraux de l'église All Saints dans le comté de Kent, en Grande-Bretagne (pl. p. 91), font allusion, par certains de leurs détails, à la mort d'une fillette. Ses parents, en effet, firent don des vitraux à l'église en souvenir de sa noyade dans un lac. Le destin d'une famille se trouve ici élargi par des figures et symboles issus du contexte religieux. Les motifs que l'on voit sont surtout empruntés au monde de la nature, mais ils sont envahis d'un bleu profond qui engendre une atmosphère mystique incitant à la méditation et à la pénitence.

Comme aucun autre artiste du XXe siècle, Chagall sut concilier ce qui aux yeux de tous paraissait inconciliable. Il sut passer au-dessus de différences créées et nourries au cours des siècles au sein des diverses communautés religieuses, idéologiques, et même artistiques. Cette faculté d'intégration qui était la sienne répondait à l'aspiration du public, à son espoir d'une humanité fraternelle, d'un monde de paix. On n'attendait rien moins que la promesse d'un monde à la fois idyllique et paradisiaque, et c'est Chagall, ce pèlerin du rêve, qui se devait de l'annoncer.

La Grande Parade, 1979–1980
Huile sur toile, 119 × 132 cm
New York, Pierre Matisse Gallery

Page de droite:
Saint Jean, 1978
Vitrail, 157,5 × 40 cm
Tudeley (Kent), All Saints

Saint Marc et saint Mathieu, 1978
Vitrail, 131,5 × 34,5 cm
Tudeley (Kent), All Saints

L'éditeur et les auteurs remercient les musées, collectionneurs, photographes et les photothèques de leur avoir accordé la permission de reproduction. Nos vifs remerciements s'adressent à la Royal Academy et à l'éditeur Weidenfeld & Nicolson, à Londres, pour leur précieuse collaboration.
Crédit photo: André Held, Ecublens. Archives Alexander Koch, Munich; Ingo F. Walther, Alling. Les citations de Chagall sont extraites de son autobiographie *Ma Vie* (Editions Stock, Paris, 1983).

Marc Chagall 1887 – 1985
vie et œuvre

1887 Marc Chagall naît le 7 juillet dans une famille juive de Vitebsk (Biélorussie); il sera l'aîné de neuf enfants. Sa mère, Feïga-Ita, est d'origine modeste, son père, Sachar, employé dans un dépôt de harengs.

1906 Achève l'école communale et entre dans l'atelier du peintre Jehouda Penn.

1907 Se rend avec son ami Mekler à Saint-Pétersbourg et suit les cours de l'Ecole impériale d'Encouragement des Arts.

1908 Entre à l'Ecole Zvanseva, dirigée par Léon Bakst; y reste jusqu'en1910.

1909 Plusieurs séjours à Vitebsk; y fait connaissance de Bella Rosenfeld, sa future femme, fille de bijoutier.

1910 Voyage à Paris, financé par un mécène. Fasciné par les couleurs intenses de Van Gogh et des Fauves. *Naissance* (pl. p. 11).

1911 Expose *Moi et le village* (pl. p. 21) au Salon des Indépendants. Loue un atelier à la Ruche où habitent également Léger, Modigliani et Soutine. Amitié avec Léger, Cendrars, Apollinaire et Delaunay.

1912 Chagall participe au Salon des Indépendants et au Salon d'automne. *Le Marchand de bestiaux* (pl. p. 31).

1913 Fait connaissance, par l'intermédiaire d'Apollinaire, du marchand de tableaux berlinois Walden; prend part au premier Salon d'automne de Berlin.

1914 Première exposition personnelle à la galerie berlinoise de Walden, «Der Sturm».

Se rend de Berlin à Vitebsk, où le surprend la Première Guerre mondiale; perd presque toutes ses œuvres laissées à Berlin et à Paris; est enrôlé dans un bureau militaire de Saint-Pétersbourg.

1915 Epouse le 25 juillet Bella Rosenfeld, à Vitebsk. Part pour Petrograd. *Le Poète allongé* (pl. p. 40) et *L'Anniversaire* (pl. p. 38).

1916 Naissance de leur fille Ida. Expositions à Moscou et à Petrograd.

1917–1918 Est nommé commissaire des Beaux-Arts pour le gouvernement de Vitebsk. Est revenu dans sa ville natale; y fonde une nouvelle Ecole des Beaux-Arts où professent aussi Lissitzky et Malevitch. Organise des festivités pour le premier anniversaire de la Révolution d'octobre. Parution de la première monographie sur Chagall. Quitte son académie par suite d'un

La famille Chagall à Vitebsk; Marc est le second, debout, en partant de la droite

Chagall en 1925

Chagall (assis, le troisième en partant de la gauche) avec le comité scolaire de l'Académie de Vitebsk. On reconnaît El Lissitzky, à l'extrémité gauche de la photo, et Jehouda Penn (le troisième en partant de la droite), premier professeur de Chagall à Vitebsk. Eté 1919.

Chagall travaillant au projet de peintures murales pour le «Théâtre juif» de Moscou. Vers 1920–1921

désaccord avec Malevitch. *Les Portes du cimetière* (pl. p. 45).

1919–1920 Participe à la 1ʳᵉ Exposition officielle d'Art révolutionnaire à Petrograd; le gouvernement lui achète douze toiles. S'installe à Moscou et travaille sur les peintures murales et les décors du «Théâtre juif».

1921 Professeur de dessin dans une colonie d'orphelins de guerre «Malakhovka» aux environs de Moscou.

1922 Quitte définitivement la Russie et se rend à Berlin, suivi bientôt par sa femme et sa fille. Procès avec Walden chez qui il avait laissé cent cinquante tableaux, vendus entre temps par le marchand berlinois. Suite d'eaux-fortes pour *Ma Vie*, commandées par le marchand d'art Cassirer.

1923 Emigre à Paris. Illustre *Les Ames mortes* de Gogol pour l'éditeur Vollard (ne paraîtra qu'en 1948).

1924 Première rétrospective à Paris. Passe ses vacances d'été en Bretagne.

1925 Illustre les *Fables* de La Fontaine pour Vollard (parution en 1952 seulement). *La Vie paysanne* (pl. p. 53).

1926–1927 Première exposition personnelle à New York. Dix-neuf gouaches pour un album sur le thème du cirque. Eté en Auvergne.

1928 Travaille sur les *Fables*. Eté à Céret, hiver en Savoie.

1930 Vollard demande à Chagall d'illustrer la Bible. *L'Acrobate* (pl. p. 59).

Chagall tenant sa palette. 1925

Chagall donnant des cours de peinture dans la colonie d'orphelins de guerre «Malakhovka», près de Moscou. 1920

Avec Bella avant son départ pour Paris. 1922

1931 Parution de son autobiographie, *Ma Vie*, dans la traduction de Bella. Assiste avec sa famille à l'inauguration du musée de Tel Aviv; étudie les paysages bibliques de Palestine, de Syrie et d'Egypte.

1932 Voyage en Hollande; découvre les eaux-fortes de Rembrandt.

1933 Rétrospective à la Kunsthalle de Bâle.

1934-1935 Voyage en Espagne; impressionné par le Greco. Se rend à Vilna et à Varsovie et sent la menace qui pèse sur les Juifs.

1937 Acquiert la nationalité française. Plusieurs de ses tableaux figurent à l'exposition d'«art dégénéré»; saisie de cinquante-neuf d'entre eux. Voyage à Florence. *La Révolution* (pl. p. 61).

1938 Traduit les souffrances de son peuple par le thème de la Crucifixion. Expose à Bruxelles. *Crucifixion blanche* (pl. p. 63).

1939-1940 Reçoit le prix Carnegie pour la peinture. Au déclenchement de la guerre se réfugie avec ses tableaux dans la vallée de la Loire, puis à Gordes.

1941 Se rend à Marseille d'où il s'embarque pour New York sur l'invitation du Museum of Modern Art; y arrive le 23 juin, jour où les Allemands marchent sur la Russie.

1942 Durant l'été au Mexique dessine pour le Metropolitan Opera de New York les décors et costumes du ballet de Massine, *Aleko*, sur la musique de Tchaïkovsky.

1943 Eté à Cranberry Lake, aux environs de New York. Chagall est profondément touché par les événements qui se déroulent en Europe. *Obsession* (pl. p. 66-67).

Autoportrait au sourire, vers 1924-1925.
Eau-forte et pointe sèche, 27,7 × 21,7 cm.
Collection particulière

1944 Bella meurt le 2 septembre d'une infection virale. Durant des mois, Chagall ne peut reprendre son travail. *La Maison à l'œil vert* (pl. p. 72).

1945 Se remet à la peinture. Décors et costumes de *L'Oiseau de feu* de Stravinsky pour le Metropolitan Opera.

1946 Rétrospective au Museum of Modern Art, puis à Chicago. Premier voyage à Paris depuis la guerre. Lithographies en couleurs pour *Les Mille et Une Nuits*.

Chagall en 1930

1947 Exposition à Paris, au Musée national d'Art moderne, puis à Amsterdam et à Londres. *La Madone au traîneau* (pl. p. 75)

1948 Retour définitif à Paris au mois d'août; habite à Orgeval, près de Saint-Germain-en-Laye. Premier prix de gravure à la 25e Biennale de Venise.

1949 S'installe à Saint-Jean-Cap-Ferrat, sur la Côte d'Azur. Peintures murales pour le Watergate Theatre de Londres.

1950 S'établit définitivement à Vence. Premières céramiques. Rétrospectives à Zurich et à Berne.

1951 Se rend à Jérusalem pour l'inauguration d'une exposition. Premières sculptures.

1952 Epouse le 12 juillet Valentina (Vava) Brodsky. L'éditeur Tériade commande à Chagall des lithographies pour *Daphnis et Chloé*. Parution des *Fables* de La Fontaine. Premier voyage en Grèce avec Vava.

1953 Exposition à Turin. Série de tableaux sur Paris. *Le Quai de Bercy* (pl. p. 78), *Les Ponts de la Seine* (pl. p. 79)

1954 Deuxième voyage en Grèce. Travaille sur *Daphnis et Chloé*.

1955-1956 Expositions à Hanovre, à Bâle et à Berne. Série de lithographies sur le thème du cirque.

1957 Se rend à Haïfa pour l'inauguration de la Maison Chagall. Publication de *La Bible* chez Tériade.

1958 Décors et costumes pour le ballet de Ravel *Daphnis et Chloé*, à l'Opéra de Paris. Conférences à Chicago et à

Chagall dans son atelier, en compagnie de sa femme Bella et de sa fille Ida. A l'arrière-plan, *L'Anniversaire.* 1927

Chagall dans son atelier

Promenade dans le parc de Vence

Chagall avec sa seconde femme Vava

Bruxelles. Maquettes pour les vitraux de la cathédrale de Metz.

1959 Membre d'honneur de l'Académie américaine des Arts et Lettres. Nommé docteur honoris causa de l'Université de Glasgow. Expositions à Paris, à Munich et à Hambourg. Décoration du foyer du théâtre de Francfort.

1960 Reçoit avec Kokoschka le Prix Erasme à Copenhague. Vitraux pour la synagogue de la clinique «Hadassah», à Jérusalem.

1962 Voyage à Jérusalem pour l'inauguration des vitraux. Achève ceux de la cathédrale de Metz. Devient citoyen d'honneur de la ville de Vence.

1963 Rétrospectives à Tokyo et à Kyoto. Voyage à Washington.

1964 Voyage à New York; vitraux pour le siège des Nations Unies. Termine le nouveau plafond de l'Opéra de Paris.

1965 Travaux muraux à Tokyo et à Tel Aviv. Commence les peintures pour le nouveau Metropolitan Opera et le Lincoln Art Center, New York, ainsi que les décors et costumes pour *La Flûte enchantée*. Nommé officier de la Légion d'honneur.

1966 Grande mosaïque et douze panneaux muraux pour le nouveau Parlement de Jérusalem. Se rend à New York pour l'inauguration des peintures du Lincoln Center. Quitte Vence pour sa nouvelle maison de Saint-Paul-de-Vence. Termine *Exode* (pl. p. 83) et *La Guerre* (pl. p. 84).

1967 Assiste à la première de *La Flûte enchantée* de Mozart, à New York. Rétrospectives à l'occasion de son quatre-vingtième anniversaire à Zurich et à Cologne. Dessine trois grandes tapisseries pour le Parlement de Jérusalem.

1968 Voyage à Washington. Vitraux pour la cathédrale de Metz. Mosaïque pour l'Université de Nice.

1969 Pose de la première pierre pour la donation du «Message biblique», à Nice. Voyage en Israël pour l'inauguration des Gobelins du Parlement.

1970 Inauguration des vitraux du Fraumünster, à Zurich. Exposition *Hommage à Chagall*, au Grand Palais (Paris).

1972 Commence les mosaïques de la First National Bank, à Chicago.

Au café à Saint-Paul-de-Vence

1973 Voyage à Moscou et à Leningrad. Ouverture du «Musée national Message biblique Marc Chagall», à Nice.

1974 Inauguration des vitraux de la cathédrale de Reims. Voyage en Russie et à Chicago pour l'inauguration des mosaïques.

1975–1976 Exposition d'œuvres sur papier à Chicago. Exposition itinérante dans cinq villes du Japon. *La Chute d'Icare* (pl. p. 88).

1977–1978 Reçoit la grand-croix de la Légion d'honneur. Voyage en Italie et en Israël. Commence les vitraux de l'église paroissiale Saint-Etienne de Mayence. Exposition à Florence.

1979–1980 Exposition à New York et à Genève. Présentation des *Psaumes de David* au Musée national Message biblique, à Nice.

1981–1982 Exposition de dessins à Hanovre, à Paris et à Zurich. Rétrospective au Moderna Museet de Stockholm et au Louisiana Museum de Humlebaek (Danemark) jusqu'en mars 1983.

1984 Rétrospectives à Paris, au Centre Pompidou, à Nice, à Saint-Paul-de-Vence, à Rome et à Bâle.

1985 Grande rétrospective à la Royal Academy of Arts, Londres, et au Philadelphia Museum of Art. Marc Chagall s'éteint le 28 mars à Saint-Paul-de-Vence. Rétrospective de ses travaux sur papier à Hanovre, à Chicago et à Zurich.

Dans la même collection:

- Arcimboldo
- Bosch
- Chagall
- Dalí
- Degas
- Ernst
- Gauguin
- van Gogh
- Hopper
- Kahlo
- Kandinsky
- Klee
- Klimt
- Lempicka
- Lichtenstein
- Macke
- Magritte
- Marc
- Matisse
- Miró
- Munch
- Picasso
- Rembrandt
- Renoir
- Rousseau
- Schiele
- Toulouse-Lautrec
- Turner
- Warhol